Familien-Reiseführer
NIEDERLANDE

Niederlande

Strandfreuden für die Kleinsten bieten die zahlreichen Strände

Die tollsten Attraktionen für Kinder

Auf einer Zeitreise im Zuiderzee-museum (siehe Tour 5, S. 56)

Ganz Holland an einem Tag? Das geht in Madurodam (siehe S. 91)

Gut zu wissen

Was Sie wissen sollten

Diese Zeichen und Symbole begleiten Sie durch das ganze Buch und geben Ihnen besondere Informationen:

Die Minikarte der Niederlande mit dem dicken roten, grünen oder blauen Punkt zeigt Ihnen auf einen Blick, an welchem Ort sich die jeweilige Adresse befindet.

Infos zur Region oder spezielle Empfehlungen für die Eltern gibt's in den grünen Kästen.

In den orangefarbenen Kästen stehen tolle Tipps oder Geschichten für Kinder.

Regionale kulinarische Genüsse oder ein Restaurant, in dem auch Ihre Kinder auf ihre Kosten kommen, finden Sie in den blauen Kästen.

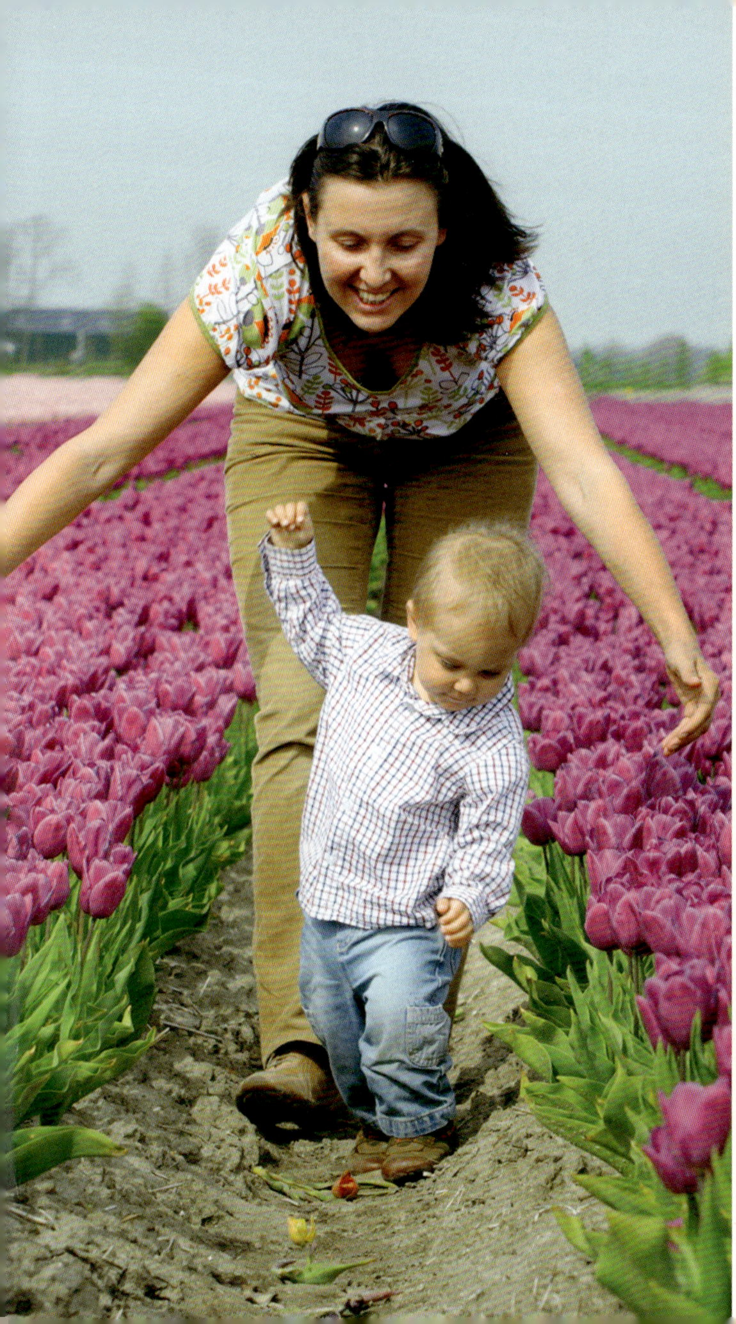

DIE NIEDERLANDE FÜR ELTERN UND KINDER

Die Niederlande entdecken

Klein aber oho!

Das Land der Grachten, des Wassers, des Käses und der Tulpen ist in der größten Ausdehnung gerade mal 300 Kilometer lang und 180 Kilometer breit. Dieses eigentlich recht kleine Land hat dabei jedoch so viel zu bieten, dass man sich schon gut überlegen muss, was man alles in den Urlaub packen kann: Wassersport, Watt- und Inselerlebnisse, Fahrradtouren sowie Wanderungen an den Küsten oder im hügeligeren Süden. Und selbst bei schlechtem Wetter sind die Niederlande attraktiv, da die vielen Ferien- und Freizeitparks tolle Indoor-Alternativen für die ganze Familie bieten. Die Niederländer sind sehr kinderfreundlich. Egal ob öffentliche Veranstaltungen, Restaurantbesuche oder Sportevents –

an die Kleinen ist immer gedacht. Da können sich die Eltern endlich genüsslich zurücklehnen und spüren, dass Familienurlaub auch mal stressfrei sein kann. Und besonders praktisch: Dieses Urlaubsparadies ist von Deutschland aus mit dem Auto in nur ein paar Stunden zu erreichen.

Wasser prägt das Land

So klein die Niederlande sind, so groß ist der seit Jahrhunderten geführte Kampf der Niederländer gegen das Wasser. Auf Schritt und Tritt begegnet man ihm in Form von Deichen, Dämmen, Sturmflutwehren und Windmühlen. Ohne sie stünden weite Teile der Niederlande unter Wasser. Denn allein 24 Prozent des Landes liegen unter dem Meeresspiegel.

Die niederländische Nordseeküste bietet kilometerlange Sandstrände

Holland oder Niederlande?

Oft wird „Holland" als Synonym für „die Niederlande" verwendet. Doch der Name bezeichnet eigentlich nur die zwei Provinzen Noord-Holland und Zuid-Holland. Diese Gebiete, früher von Wäldern geprägt, waren das Houtland = Holzland. Im Alltag setzte sich jedoch mehr und mehr der Name „Holland" als Bezeichnung für das gesamte Land durch. Denn in diesen Provinzen liegen die beiden Städte, die die Geschichte des Landes so stark beeinflusst haben: Amsterdam (Noord-Holland) und Den Haag (Zuid-Holland).

ermöglichte den Niederlanden schon früh den Handel mit Ländern in Übersee, die Lage an den großen Flüssen wie Rhein, Maas und Waal den Austausch mit Europa. Die Niederlande wurden eine der größten Seemächte auf der Welt und tauschten sich mit anderen Ländern aus. Noch heute merkt man dieses Erbe an der kulturellen Vielfalt in den Städten, den tollen Kaufmanns- und Grachtenhäusern sowie den vielen exotisch anmutenden Köstlichkeiten. Selbst die Tulpe, eines der Wahrzeichen der Niederlande, stammt ursprünglich gar nicht aus Holland (siehe Kasten S. 8). Amsterdam (siehe S. 32ff.) entwickelte sich zum wichtigsten Handelszentrum der Welt und bestimmte entscheidend

Diese eingedeichten Gebiete werden Polder genannt. Überall sind sie mit Grachten und Wasserarmen durchzogen, und viele Städte wurden auf Pfählen errichtet. So ist es kein Wunder, dass gerade die Windmühlen zum Wahrzeichen der Niederlande wurden als Symbol des Kampfes Mensch gegen Natur. Zur Entwässerung des Landes eingesetzt wurden sie nach und nach von modernerer Technik abgelöst. Heute gibt es noch über 1.000 Mühlen in den Niederlanden. 19 davon stehen als UNESCO-Weltkulturerbe am Kinderdijk in Zuid-Holland (siehe Kasten S. 9).

Vielfalt des Landes

Auch die wirtschaftliche Entfaltung des Landes wurde maßgeblich durch das Wasser beeinflusst. Denn die Küstenlage

Unter Wasser gebaut

*Eines der größten Gebiete, die in den Niederlanden von Menschenhand erschaffen wurden, ist die Provinz **Flevoland**, die weitgehend dem Meer abgerungen wurde und mit ihren rund 2.300 Quadratmetern teilweise bis zu 14 Meter unter dem Meeresspiegel liegt. Überall sieht man deshalb Mühlen, Deiche und Schöpfwerke. Die bunten Tulpenfelder lassen die Fruchtbarkeit der Böden erahnen. Dem Jahrhunderprojekt „Zuiderzee" ist es zu verdanken, dass **Schokland** wieder in Kulturlandschaft umgewandelt werden konnte und heute zum Weltkulturerbe der UNESCO gehört.*

Tulpen als Statussymbol

Die Niederlande sind der weltweit größte Tulpenproduzent. Zwei Milliarden Stück werden hier jährlich gezogen. Bereits um 1640 gab es in Holland rund 600 Sorten. Damals war eine dieser Zwiebeln sehr wertvoll. Die teuerste Mahlzeit des Jahres 1637 dürfte ein holländischer Seemann verspeist haben, der eine der Zwiebeln versehentlich als Beilage zu seinem Essen wertete. Denn jene Pflanze, damals mühsam aus der Türkei oder Armenien importiert, war nach heutigem Maßstab etwa 25.000 Euro wert. Anfang des 17. Jahrhunderts waren fast alle Niederländer im Tulpenfieber. Jeder wollte Geschäfte mit dem Frühlingsgewächs machen. Adlige Damen trugen die Blüte als Statussymbol am Ausschnitt.

Für eine Tulpe der Sorte „Viceroy" ist überliefert, dass der Käufer für sie zwei Fuder Weizen, vier Fuder Roggen, vier fette Ochsen, acht fette Ferkel, zwölf fette Schafe, zwei Fässer Wein, vier Fässer Bier, 1.000 Pfund Käse und dazu einen Silberkelch, ein Bett und einen Anzug hergab. Die teuerste je verkaufte Tulpe, die „Semper Augustus", erreichte einen Preis von zehntausend Gulden – dem damaligen Wert eines Herrenhauses in Amsterdam.

die Geschiche des Landes. Und so kam es zu einer ungewöhnlichen Teilung, die noch heute gilt: Amsterdam wurde Hauptstadt der Niederlande, Den Haag, das über Jahrhunderte hinweg als Sitz der Vertretung der niederländischen Provinzen fungierte, wurde nach der Gründung der Niederlande Regierungs- und Königssitz.

Gut organisiert

Die Infrastruktur in den Niederlanden ist sehr gut ausgebaut, das bringt allein schon die dichte Besiedelung mit sich. Denn immerhin leben auf einem Quadratkilometer durchschnittlich 488 Einwohner. Das weitverzweigte Straßen- und Verkehrsnetz hat allerdings gerade in den Stoßzeiten den Nachteil, dass es zu Staus und Verkehrsbehinderungen kommen kann. Doch es gibt weit mehr Möglichkeiten: Gerade auf den autofreien Inseln kann man sich gut mit Fahrrad, Bussen oder zu Fuß fortbewegen. Und unvergesslich wird auf jeden Fall der Urlaub auf einem Hausboot sein, mit dem man durch die Wasserläufe, Schleusen und Grachten fahren kann. So lernt man das Land gewissermaßen vom Wasser aus kennen, und der Kapitän braucht hierfür nicht einmal einen Bootsführerschein.

Küsten- und Inselleben

Eines ist klar: Ein Urlaub in den Niederlanden findet meist auf, im oder am Wasser statt. Die Kleinen freuen sich schon auf den Segelkurs, die Großen auf eine Runde Kitesurfen, die ganz Kleinen planschen lieber im seichten Wasser. In Erinnerung bleibt eine Wattwanderungen – das unbeschreibliche Gefühl, wenn man durch Schlick wandert inmitten der Unendlichkeit: das Wasser in weiter Ferne, auf der anderen Seite das Land mit seinen charakteristischen Dünen. Um einen herum nur Ruhe, Sonne und Natur.

Urlaub und Erholung

Was haben China und die Niederlande gemeinsam? Richtig! Nur noch in China gibt es so viele bzw. mehr Fahrräder als in den Niederlanden. Und so ist das Land ein wahres Dorado für Radfans, Mountainbiker und Familienbiker. Rund 20.000 Kilometer gut ausgebaute und ausgeschilderte Radwege durchziehen das Land – von den flachen Nordprovinzen über die dünn besiedelte Grenzregion bis zu den hügeligen und teilweise bergigen Südprovinzen, wo man weniger Strecke als vielmehr Höhenmeter hinter sich lassen kann. Überhaupt bietet sich der Süden des Landes für die leicht alpinen Vergnügen an. Und überall im Land

Die Niederländer sind begeisterte Fahrradfahrer und lieben ihre Fietsen

führt der Weg durch Naturgebiete und Nationalparks – nicht selbstverständlich für ein Land, das so gegen die Natur gearbeitet hat, dass immer wieder der Spruch zu hören ist „Gott erschuf die Welt, aber die Holländer erschufen Holland". Gut, dass heute vielerorts die ursprüngliche Natur wieder Besitz ergreifen kann, wie z. B. auf der Insel Schiermonnikoog oder im Nationalpark Lauwersmeer (siehe S. 41).

19 Windmühlen vom Kinderdijk

Nirgendwo in den Niederlanden sieht man noch so viele verschiedene Windmühlen an einem Ort: runde aus roten Ziegelsteinen oder achteckige aus Holz. Sie waren bis 1950 im Einsatz und gehören heute zum UNESCO-Weltkulturerbe. Es ist sogar noch eine Mühle erhalten geblieben, in der Besucher dem Müller beim Mahlen über die Schulter blicken können (Infos: www.kinderdijk.nl).

Freizeit- und Ferienparks

Die Kinder kommen nicht zu kurz: Die vielen Freizeitparks sowie zahlreiche Veranstaltungen überbieten sich im Kinderprogramm. Geeignet für den Familienurlaub sind vor allem die Ferienparks an der Küste, die Kurse im Tauchen, Schwimmen, Segeln oder Surfen anbieten. Außergewöhnliche Übernachtungsmöglichkeiten wie Wigwams, Baumzelte oder Mühlen runden das Angebot ab (siehe ab S. 106). Da das Wetter in den Niederlanden nicht so beständig ist, können in den Ferien- und Vergnügungsparks alternativ Kinderanimation, Schwimmbäder oder Sporthallen genutzt werden.

Was Eltern wissen sollten

Die gute Qualität der Strände und die Naturparks im Binnenland gewährleisten einen erholsamen Urlaub in den Niederlanden. Es gibt viele autofreie Campingplätze und Ferienresorts, und auf einigen Inseln sind Autos gar nicht erst zugelassen. Man schwingt sich aufs Rad, aufs Pferd oder macht sich zu Fuß auf, die Landschaft zu entdecken. Eine gute Infrastruktur sorgt dafür, dass Eltern auch im Urlaub nichts vermissen. Das nächste Restaurant, der nächste Spielplatz oder der nächste Arzt sind meist nur ein paar Minuten entfernt – noch ein Vorteil eines so dicht besiedelten Landes. Und Verständigungsprobleme gibt es kaum, sprechen doch gerade in den Urlaubsregionen viele Niederländer Deutsch. Und wenn Sie einmal genau hinhören, verstehen Sie meist auch einige Brocken Niederländisch (siehe Kasten S. 11 und ab S. 103), denn beide Sprachen haben den selben Ursprung. Noch im Mittelalter klangen sie sehr ähnlich, was man heute noch merkt, wenn man Plattdeutsch mit Niederländisch vergleicht.

Strand und Luft

Das Nordseeklima der salzhaltigen, feuchten Luft mit einem immer irgendwie lauen Lüftchen ist sehr gesund. Kleine und große Allergiker atmen in der sauberen Seeluft auf. Das Reizklima an den Küsten stärkt das Immunsystem

Tulpenfelder verwandeln die Niederlande im Frühling in ein Blütenmeer

und lindert Haut- und Atemwegserkrankungen. Ganze 70 Prozent der niederländischen Küste sind Sandstrände und Dünen. Sie sind sauber, mit sanitären Anlagen sehr gut ausgestattet und meist in der Saison durch Strandwächter bewacht. Die Anbindung mit Auto und Bus ist ebenfalls gut. So ist es nicht verwunderlich, dass an vielen Stränden des Landes die Blaue Flagge weht (siehe Kasten S. 12).

Sicherheit am Strand

Welche Strände besonders für Kinder geeignet sind, erfahren Sie im Kapitel „Kinderfreundliche Strände" ab S. 18. Meist geben verschiedenfarbige Fahnen den Wasserzustand an: Eine grüne Fahne zeigt an, dass man bedenkenlos baden kann, eine gelbe warnt, dass Schwimmen gefährlich ist, und eine rote bedeutet Schwimmverbot. Eine weiße Flagge mit blauem Fragezeichen macht darauf aufmerksam, dass ein Kind seine Eltern sucht und bei der Strandwacht wartet. Wer ins Meer geht, sollte auf jeden Fall immer auf die Strömung achten und nur bei Flut ins Wasser gehen. Dann nämlich strömt das Wasser an Land und man wird nicht ins Meer getrieben. „Niet bij eb zwemmen" (nicht bei Ebbe schwimmen) ist daher eine goldene Regel.

Medizinische Versorgung

In den Niederlanden gibt es ein dichtes Netz von praktischen Vertragsärzten (Huisarts). In den größeren Städten findet man außerdem diverse Spezialisten und Kinderkrankenhäuser. Für EU-Bürger wird mit der Europäischen Krankenversicherungskarte (EHIC), die man sich vor dem Urlaub bei seiner Versicherung

---

Kleiner niederländischer Sprachführer für Eltern

Mutter, Vater – moeder, vader
Junge – jongen
Mädchen – meisje
Familie – familie
Windeln – luiers
Schnuller – fopspeen
Babyfläschchen – zuigflesje
Milch – melk
Kinderteller – kinderportie
Apotheke – apotheek
Kindersitz – kinderzitje
Hochstuhl – kinderstoel
Kinderbett – kinderbed
Wickelraum – babyruimte
Strampelhöschen – kruippakje
Lätzchen – slabbetje
Sandale – sandaal
Kinderspielplatz – speeltuin
Schwimmflügel – zwemvleugels
Schwimmbad – zwembad
Kinderbecken – pierebad
Schwimmflossen – zwemvliezen
Ball – bal
Luftmatratze – luchtbed
Gummiboot – rubberboot
Taucherbrille – duikbril
Teddybär – teddybeer
Püppchen – poppetje
Spielzeug – speelgoed
Kinderfahrrad – kinderfiets
Kinderarzt – kinderarts
Kinderkrankenhaus – kinderziekenhuis
Kinderwagen – kinderwagen
Kinderzuschlag – toeslag voor kinderen

Papa liegt da, wo der Bär ist

In den Niederlanden gibt es an vielen Stränden einen wunderbaren Service für Kinder, die noch nicht lesen können. Strandsymbole oder Tierfiguren an Pfählen angebracht dienen den Kleinen als Orientierungspunkte, wenn sie sich nach langem Spiel im Wasser wieder zu Mama und Papa aufmachen (siehe auch S. 29). Außerdem durch Symbole markiert sind diejenigen Strandabschnitte, an denen die kleinen Planschmäuse bedenkenlos ins Wasser dürfen. Nicht nur für die Kids eine Hilfe!

besorgt, Versorgung und Kostenrückerstattung ganz einfach geregelt. Man kann aber beim Fehlen dieser Karte das Honorar vorstrecken und es sich nach dem Urlaub durch Vorlage der Rechnung von seiner Krankenkasse zurückzahlen lassen. In jedem Fall ist darüber hinaus eine private Auslandskrankenversicherung für die Dauer des Aufenthalts ratsam, um Versorgungen abzudecken, die von der gesetzlichen Krankenkasse und von der EHIC nicht übernommen werden. Für Medikamente muss man verschiedene Läden aufsuchen: Rezeptpflichtige erhält man in den Apotheken, nicht Rezeptpflichtige in den Drogerien oder Apotheken, homöopathische Mittel in Reformhäusern. Wie in Deutschland hängen Dienstpläne der Notfallapotheken an der Tür oder stehen in den Zeitungen. Erste Hilfe leisten die Notfallstationen (eerste hulp) der Krankenhäuser.

Service für Familien

Viele Restaurants sind mit Kinderstühlen und Spielecken ausgestattet und bieten Kindermenüs an. Gerade die Pfannkuchenhäuser haben sich auf die kleinen Gäste eingestellt. Besonders familienfreundliche Einrichtungen wie der Keukenhof (siehe S. 115) haben für ihre Gäste Wickeltische, Fläschenwärmer und Kinderwagen zum Mieten im Angebot.

Touristeninformation

Um die Nadel im Heuhaufen der vielfältigen Angebote zu finden, helfen gegen Gebühr gern die Touristenbüros (VVV) vor Ort. Wer sich schon vor dem Urlaub genauer informieren möchten, kann sich an das Niederländische Büro für Tourismus & Convention in Köln wenden (Postfach 270580, 50511 Köln, Tel. 0221-925 71 70) und sich auf der Homepage www.niederlande.de auf den Urlaub einstimmen.

Qualität in Blau

Jedes Jahr zeichnet die Foundation for Environmental Education (FEE) weltweit die Sauberkeit des Wassers und des Strandes, der sanitären Einrichtungen, eine behindertengerechte Ausstattung und einen hohen Sicherheitsstandard mit der Blauen Flagge aus.
2011 wehte sie allein in den Niederlanden an 50 Stränden und 79 Marinas, darunter waren insgesamt fünf neue! Informationen unter www.blueflag.org.

Essen & Trinken

Die niederländische Küche ist unendlich vielfältig und einfallsreich und hat nicht nur Käse und Tomaten zu bieten. Für jeden Gaumen ist etwas dabei. Auf der einen Seite gibt es die traditionellen bodenständigen, deftigen Gerichte, die ohne Fleisch und Fisch nicht auskommen. Auf der anderen Seite haben aber auch die Einflüsse aus Fernost aus den früheren Kolonien den Weg an die Nordseeküste gefunden. Für Kinder sind die Niederlande kulinarisch fast ein Paradies: Pommes frites, Pfannkuchen, Streusel aufs Brot. Selbst Brei aus dem Essen zu machen ist in diesem Land offiziell erlaubt. Welchem Kind läuft da nicht das Wasser im Mund zusammen?

Die niederländische Art

Die Niederländer essen gern und reichhaltig. Der Frühstückstisch ist, so man denn genügend Zeit hat, reich gedeckt mit Wurst, Käse, Eiern, Marmelade, Milch, Kaffee oder Tee, Brötchen und anderen Backwaren. Anders als in Deutschland genießt man in den Niederlanden sein Brot auch mit Schokoraspeln und bunten Zuckerstreuseln als Belag (Hagelslag). Zum Mittagessen gibt es meist Brote mit warmen oder kalten Belägen, Snert (Erbsensuppe), Frikandellen (Würstchen) und Gehaktballen (Frikadellen). Nasiballen und Bamiballen sind die indonesischen Frikadellenvariationen, dahinter verbirgt sich Nasi- und

Niederländer oder Deutsche: Wer sind die größten Kaasköppe? (Kasten S. 64)

Bamigoreng zu Frikadellen geformt. Beliebt ist auch Kroket, ein frittiertes Fleischragoutgebäck, das mit Pommes oder Brot gegessen wird. Am Abend, wenn die ganze Familie wieder zusammenkommt, wird dann warm gegessen, meist Eintöpfe oder Fleischgerichte mit Gemüse und Kartoffeln. Als Dessert sind Eiscreme, Joghurt und Vla, ein Pudding von flüssigerer Konsistenz, beliebt.

Kartoffelvariationen

Die wichtigste Beilage zu Fleisch und Fisch sind Kartoffeln. Ob gestampft,

Poffertjes sind leckere kleine Pfannkuchen, die besonders Kindern munden

Pfannkuchenhäuser

In wohl kaum einem anderen Land der Welt hat sich aus dem Leibgericht der Kinder eine eigene Restaurantgattung entwickelt. Die Pannenkoekenhuizen haben sich speziell auf ihre kleinen Gäste eingerichtet, bieten Kinderspielecken sowie Kindermenüs und richten Kindergeburtstage aus, einigen ist eine Minigolfbahn angeschlossen. Bei dem vielfältigen Angebot hat man tatsächlich die Qual der Wahl: süß oder herzhaft, Apfel-, Ananas-, Speckpfannkuchen oder, oder, oder. Bis zu 125 Sorten hält schon mal ein einziges Pfannkuchenhaus bereit. Es gibt viele Arten dieser speziellen Häuser. Ob die luxuriöse, die chinesisch-indonesische Variante oder die Snackbar – alle kleinen und großen Pfannekuchenliebhaber kommen voll auf ihre Kosten.

frittiert oder gekocht – sie sind vom Speiseplan nicht wegzudenken. Frittiert bekommt man sie als Pommes frites, das heimliche Nationalgericht, mit allen erdenklichen Soßen.

Ein Paradies für Kinder

Kinder kommen in den Niederlanden kulinarisch voll auf ihre Kosten. An jeder Ecke steht eine Pommesbude. Um im Urlaub nicht zu verhungern, müssen sie sich also einfach nur die Worte „Patat met" (Pommes mit Mayo) merken. Dabei gibt es noch so viele andere Variationen: Pommes mit Erdnusssoße, mit Ketchup, mit Currysoße, mit Senf, mit Zwiebeln – eine echte Herausforderung für die Geschmacksnerven! Etwas nahrhafter sind die berühmten süßen oder salzigen Pannenkoeken (Pfannkuchen), die in den Pfannkuchenhäusern serviert werden. Zum Nachmittag dürfen die Stroopwafels (Waffeln mit Sirupfüllung) oder die Poffertjes (Pfannkuchenplätzchen) nicht fehlen. Auf der Insel Terschelling gibt es dazu noch einen fruchtig-vitaminreichen Cranberrysaft, und schon ist man gestärkt für die nächste Wattwanderung.

Fisch frisch auf den Tisch

Mögen die Kleinen auch die Nase rümpfen, an frischem Fisch und seinen Meeresfreunden wie Aal, Miesmuscheln, Steinbutt, Seebarsch, Shrimps sowie Austern kommt man in den Niederlanden nicht vorbei.

Matjes ist die holländische Fischspezialität schlechthin, ihn feiern die Niederländer zum Beginn der Matjesaison im Juni gebührend (s. S. 116). Im Frühling wird der junge Hering kurz vor der Laichzeit gefangen, bis auf die Bauchspeicheldrüse ausgenommen und mit wenig Salz in Fässern eingelegt. Die Qualität eines fri-

Matjes wurde bereits im Mittelalter in den Niederlanden in Fässern eingelegt

schen Matjes (Hollandse Nieuwe) zeigt sich daran, dass die Filets innen noch rosa schimmern. Echte Profis packen das Filet am Schwanz, tauchen es in klein gehackte Zwiebeln und beißen, den Kopf schön in den Nacken gelegt, herzhaft hinein. Miesmuscheln und Austern stehen vor allem in der Region Zeeland ab dem Sommer auf der Speisekarte vieler Restaurants. Wagemutige Genießer versuchen sich dabei an den Gemüsebeilagen aus dem Meer: Seetang, Seegras oder Queller, eine salzhaltige Meerespflanze. Der Nachwuchs lässt sich vielleicht ja mit Kibbeling versöhnen, kleine panierte Fischstückchen, die an Fischstäbchen erinnern.

Wo man essen gehen kann

Die meisten niederländischen Restaurants bieten internationale Gerichte an. Denn in der Gastronomie arbeiten immerhin 90 Nationen, die mit ihrer Landesküche ihre Gäste ansprechen möchten. Zurzeit besonders beliebt sind thailändische, spanische und japanische Restaurants. Vor allem in den großen Städten Amsterdam und Den Haag sind indonesische Restaurants zu finden. Eetcafés sind einfache Restaurants, ähnlich den Kneipen oder Bistros in Deutschland. Ein spezielles Erlebnis für Kinder sind die vielen Pannenkoekenhuizen (Pfannkuchenhäuser, siehe Kasten S. 14). In den Küstenorten erhält man darüber hinaus in Schnellrestaurants fertige Speisen von hoher Qualität zum Mitnehmen. Die Strandpavillons bieten ihren Gästen auch Sitzplätze drinnen und mit Windschutz draußen an. Neben Getränken, Eis und Pommes frites servieren sie kleine Gerichte und Snacks.

Einige haben sich zu richtigen Restaurants mit einem vielfältigen Speiseangebot entwickelt. Die meisten Strandpavillons schließen jedoch im Winter.

Für Selbstversorger

Für die Urlauber, die sich lieber selbst versorgen wollen, gibt es neben Supermärkten regelmäßig stattfindende Wochenmärkte mit einem breiten Sortiment. Spirituosen sind nicht in Supermärkten erhältlich, sondern in separaten Geschäften (Slijterij).

Aber warum nicht einfach mal das Essen selbst vom Land holen? Viele Bauernhöfe richten herrlich bunte Straßenstände mit Obst und Gemüse zum Verkauf ein. Einige Höfe bieten darüber hinaus auch Selbstpflückern die Chance, schon beim Ernten zu entscheiden, was mittags in den Obstsalat kommt.

Cranberrys – gesund und lecker

Die leckeren Beeren kommen aus Nordamerika und sind so vitaminreich, dass die Seeleute sie früher auf ihren Reisen als Mittel gegen Skorbut verwendeten. Im 19. Jahrhundert wurde ein Cranberryfass an die Küste Terschellings gespült. Seitdem sind die Beeren auch in Europa heimisch, und auf der Insel entwickelten sie sich zu einer Spezialität. Heute macht man aus den Beeren Tee, Marmelade, Plätzchen, Likör und Sirup. Cranberrysirup mit Wasser verdünnt ergibt tolle Limonade!

KINDERFREUNDLICHE STRÄNDE

Ameland:
Strand- und Naturerlebnisse

Ihr 27 Kilometer langer Strand ist eine der Hauptattraktionen der Nordseeinsel Ameland (siehe Tour 3, S. 43). Über den bewachten Strandabschnitten bei **Buren, Nes und Hollum** weht die Blaue Flagge (siehe Kasten S. 12) und 2009 wurde Ameland seiner Schönheit wegen sogar mit dem „Quality Coast Award" ausgezeichnet. Die schier endlose „Sandkiste" Amelands bietet ideale Voraussetzungen für Familien. FKK ist auf Ameland offiziell verboten. Besonders für Familien mit kleinen Kindern,

Familienfreundliche Insel: Ameland bietet endlose Strände und viel Natur

Das Pferderettungsboot

Ein beeindruckendes Erlebnis ist die Vorführung des Pferderettungsbootes in Hollum. Zehn starke Pferde ziehen das riesige Rettungsboot über den Strand in die tosende Brandung und versetzen Eltern und Kinder in frühere Zeiten. Start am Bootshaus beim **Reddingsmuseum Abraham Fock** *(Oranjeweg 18, 9163 CC Hollum, Tel. +31 (0)519-55 42 43, www.amelandermusea.nl. Mo-Fr 10-17, im Sommer auch Sa/So 13.30-17 Uhr. Erw. € 4,25, Kinder € 3). In der Hauptsaison alle zwei Wochen.*

die den Strand und die Insel auch bei schlechtem Wetter erkunden möchten, bietet sich eine Fahrt mit dem **Strandbus** an [Infos u. Buchung über die Touristeninformation VVV Ameland, siehe unten. März-Okt mehrmals die Woche. Erw. € 7, Kinder (2-12 J.) € 6].
Vom Strand in Nes oder in Buren startet die Fahrt und führt zum Naturschutzgebiet **De Hôn** am Ostende der Insel.

Anfahrt: von Holwerd aus in 45 Min. per Fähre nach Ameland (siehe S. 43). Für die PKW-Mitnahme empfiehlt sich eine Reservierung.
Tourismusbüro: VVV Ameland, Bureweg 2, 9163 KE Nes, Tel. +31 (0)519-546 546, www.vvvameland.de.
Infos: www.nordseeinseln-holland.de.

Schiermonnikoog & Vlieland: Breite Strände und hohe Dünen

Die Insel **Schiermonnikoog** bietet Urlaubern einen der breitesten Sandstrände Europas. In der Nähe des knapp 1.000-Seelen-Ortes Schiermonnikoog – das einzige Dorf auf der Insel – wird ein Teil des insgesamt 20 Kilometer langen Badestrandes bewacht. Durch den breiten Dünengürtel dauert es eine Weile, bis man den Strand erreicht. Da der Boden kalkhaltiger ist, findet man oft Sanddorn und Weißdorn. Motorisierte Fahrzeuge werden nur mit einer Ausnahmegenehmigung zugelassen, weswegen sich die Fahrräder an den Strandzugängen geradezu stapeln. Etwas größer, aber ebenso beschaulich zeigt sich **Vlieland**. Der feinsandige, bewachte Strand ist zwölf Kilometer lang und anderthalb Kilometer breit. Vom einzigen Dorf der Insel, Oost-Vlieland, gelangt man zu Fuß in nur 20 Minuten an die Strände an der nördlichen und östlichen Inselflanke; der bewachte Abschnitt befindet sich in der Nähe des Hotels Seeduyn.

Anfahrt Schiermonnikoog: Fähre ab Lauwersoog in 45 Min. (Rederij Wagenborg, siehe S. 43). Vlieland: Fähre ab Harlingen in 100 Min. (Rederij Doeksen, siehe S. 37).
Tourismusbüros: VVV Schiermonnikoog, Reeweg 5, 9166 PW Schiermon-nikoog, Tel. +31 (0)519-53 12 33, www.vvvschiermonnikoog.nl; VVV Vlieland, Havenweg 10, 8899 BB Vlieland, Tel. +31 (0)562-45 11 11, www.vlieland.net.
Infos: www.nordseeinseln-holland.de.

Auf zum „Dünengipfel"

*Auf der höchsten Düne aller Wattinseln (über 40 Meter) steht **De Rode Kabouter**, ein fast 17 Meter hoher denkmalgeschützter Leuchtturm, von dem aus Sie eine fantastische Aussicht genießen können. Vuurboetsduin: 8899 AT Vlieland, Tel. +31 (0)223-61 10 70. Jun-Aug Mo-Fr 14-16, Sa/So 10.30-12, Sep-Okt Mo-Fr 14-16 Uhr. Erw. € 2,50, Kinder € 1,50.*

Der rote Leuchtturm auf Schiermonnikoog ist 34 Meter hoch

Texel:
Strandinsel und Strandräuber

Der feinsandige Badestrand an der Westseite Texels erstreckt sich über 30 Kilometer. Fast überall an der Küste ist Schwimmen erlaubt, über die Pfähle 9, 17, 20 und 28 weht die Blaue Flagge (siehe Kasten S. 12). Nur zwischen Texel und Vieland herrscht ein striktes Badeverbot. Richtige Urlaubstimmung verspricht der belebte Badeort **De Koog**. Wer die einsame Strandatmosphäre und das Nacktbaden liebt, sollte zur Südspitze an den Strand von **De Hors** touren. Alle Wasserratten, die noch ausreichend Puste haben, können tauchen, surfen, mit dem Katamaran segeln oder angeln. An vielen Stränden ist das Reiten ganztägig erlaubt. Startpunkt ist der **Reiterhof Manege Elzenhof** [Bosrandweg, 1796 NK De Koog, Tel. +31 (0)222-31 74 69,

www.manegeelzenhof.nl. Ab Frühjahr geöffnet. Strandreiten 2 Std. € 26, Ponyreiten 30 Min. ab € 6]. Für den hungrigen Magen gibt es mehrere Strandpavillons. Der **Seestern** [De Zeester, Strandslag Paal 17, Ruyslaan 94, 1796 AZ De Koog, Tel. +31 (0)222-31 76 14, www.paal17.com. Sommer tägl. 10-22, Winter Mo-Fr 11-19, Sa/So 10-21 Uhr], 2011 zum „Saubersten Strandpavillon" gewählt, hat das ganze Jahr geöffnet und bietet Snacks und Toasts schon unter € 4 an.

Anfahrt: von Den Helder mit der *Fähre in 20 Min. (siehe S. 49). Zwischen Bahnhof und Fährhafen in Den Helder verkehrt ein Bus (Linie 3). Im Bus können Fahrkarten mit dem Endreiseziel Texel gekauft werden.* **Tourismusbüro:** *VVV Texel, Emmalaan 66, 1791 AV Den Burg, Tel. +31 (0)222-31 47 41, www.texel.net. Infos: www.nordseeinseln-holland.de.*

Auf Texel hat die Strandräuberei eine lange Tradition (siehe Kasten S. 52)

Noord-Holland: Julianadorp

Etwa fünf Kilometer südlich von Den Helder befindet sich der kleine Ort **Julianadorp aan Zee**. Der breite, 40 Kilometer lange und sehr saubere Strand liegt inmitten einer wunderschönen Dünenlandschaft. Die Blaue Flagge (siehe Kasten S. 12) weht schon lange hier. Während der Saison ist der Strand bewacht. Toiletten sind vorhanden. Besonders reizvoll ist die Umgebung: Unmittelbar hinter dem Dünengürtel befindet sich das größte zusammenhängende Blumenzwiebelanbaugebiet Europas. Riesige Tulpenfelder verwandeln die Gegend im Frühling in ein farbenfrohes Blumenmeer. Durch die Dünen führen Fuß- und Radwege zu den Strandaufgängen. Einen **Bollerwagenverleih** gibt es auch im Ort [Van Luijn, Van Foreestweg 16, Tel. +31 (0)223-64 19 79]. Überhaupt finden Familien in Julianadorp alle Einrichtungen, die sie benötigen: Restaurants, Spielplätze, Supermärkte (auch sonntags geöffnet), Banken, Ärzte, Apotheken und einen **Liegestuhlverleih** [Pavillon Schip op 't Strand, Strandaufgang 5, Zandloper, Tel. +31 (0)223-64 14 74. Auch im Winter am Wochenende geöffnet]. Der Ort ist besonders bei deutschen Urlaubern beliebt und hat sein Aussehen in den letzten Jahren durch neu erbaute Ferienhausparks, Apartmentkomplexe und die zugehörige Infrastruktur stark verändert. Ein Stück

Für Komfort ist gesorgt: Strandhäuschen in Julianadorp

unberührte Natur findet sich aber immer noch in der Nähe: Im Schutzreservat **Het Zwanenwater** lebt die größte Löfflerkolonie Europas (siehe S. 22) und hier blühen seltene Orchideenarten. Für Ausflüge bietet sich die rund 50 Kilometer entfernte Stadt Alkmaar mit dem Käsemarkt an (siehe S. 63). Und wenn Ihre Familie vom Sonnenbaden, Burgenbauen und Wellenreiten genug hat, setzen Sie sich auf die geschützte Terrasse des Strandpavillons (siehe links) und genießen ein erfrischendes Getränk oder genehmigen sich eine extra Portion Patat speciaal.

Anfahrt: N 502 Richtung Den Helder. **Tourismusbüro:** VVV Julianadorp, Van Foreestweg 37, 1787 BN Julianadorp aan Zee, Tel. +31 (0)223-64 56 62, www.vvvjulianadorp.nl.

Callantsoog:
Schatzsuche hinter den Dünen

Von Den Helder im Norden bis hin nach Petten im Süden reicht diese Strandoase. Der über zehn Kilometer lange Sandstrand – mit der Blauen Flagge ausgezeichnet – liegt direkt hinter den Dünen und ist erreichbar über die vier Strandaufgänge **Abbestee, Seinpost, Dorpsplein** und **Kiefteglop**. Obwohl er zwischen den Wellenbrechern sehr flach abfällt, ist tagsüber immer die Strand- und Rettungswache anwesend. In Callantsoog wurde übrigens 1973 der erste niederländische FKK-Strand eröffnet. An allen vier Strandaufgän-

gen befinden sich Strandpavillons mit Angeboten für den kleinen und großen Hunger. Besonders empfehlenswert ist **De Stern bei De Abbestee** [Tel. +31 (0)224-58 21 01, www.de-stern.nl, nur während der Hauptsaison geöffnet], wo für den Mittagshunger kleine Snacks, Toasts, verschieden belegte Baguettes und Pfannkuchen bereitgehalten werden (€ 3-4,50). Tipp: Die Mitarbeiter des Strandpavillons organisieren in der Hauptsaison besonders für kleine Gäste zahlreiche Strandunternehmungen, -exkursionen und Schatzsuchen. Auf der Internetseite des Pavillons werden unter der Rubrik „Kalender" zu Ostern die aktuellen Daten für Unternehmungen und Sonderveranstaltungen veröffentlicht. Und wer seinen Strandproviant und die Kleinen im **Bollerwagen** unterbringen möchte, kann sich einen für € 2,50 pro Tag oder € 12,50 pro Woche (€ 12,50 Kaution) ausleihen [Freizeitzentrum und Campingplatz De Nollen, Westerweg 8, 1759 JD Callantsoog, Tel. +31 (0)224-58 12 81, www.denollen.nl. Oder Campingplatz Tempelhof, Westerweg 2, 1759 JD Callantsoog, Tel. +31 (0)224-58 15 22, www.tempelhof.nl].

Anfahrt: N 9 Richtung Den Helder/ Heiloo, dann von der N 502 die Ausfahrt Westerduinweg.
Tourismusbüro: VVV Callantsoog, Jewelweg 8, 1759 HA Callantsoog, Tel. +31 (0)224-58 15 41, www.vvvcallantsoog.nl.

Wo die Schwäne leben

*Im Süden von Callantsoog befindet sich das Naturschutzgebiet **Zwanenwater**. Dieses Sumpfgebiet zwischen den Dünen ist Heimat vieler selterner Tiere. Habichte ziehen ihre Kreise, Blaukehlchen findet man im Schilf, Haubentaucher fischen im Wasser und die seltenen Löffelreiher fühlen sich auf der Insel des zweiten Sees heimisch. Zwei Rundwanderwege (2 oder 4,5 km) durchziehen das seit 1988 unter besonderem Schutz stehende Gebiet.*

Ein bilderbuchschöner Familienstrand: Callantsoog

Zandvoort & Scheveningen: Viel Platz für Kinder

Der Strand von **Zandvoort**, ca. 30 km Luftlinie von Amsterdam, ist einer der beliebtesten Ferienstrände der Region Noord-Holland. Mit neun Kilometer Länge und einer Breite von rund hundert Metern bietet der mit der Blauen Flagge (siehe Kasten S. 12) ausgezeichnete Strand viel Platz. Doch zur Hochsaison kann auch der manchmal eng werden. Dafür bekommt man das volle Angebot an touristischen Einrichtungen – von Cafés über Restaurants, Wassersport, Geschäfte bis zu zahlreichen Hotels. Gleich 40 (!) Strandpavillons dominieren das kulinarische Angebot. Zum besten Strandpavillon 2011 wurde der **Club Nautique** gewählt [Boulevard Barnaart 23, 2042 JA Zandvoort, Tel. +31 (0)23-571 57 07, www.clubnautique. nl. Tägl. ab 9 Uhr]. In dieser trendigen Location, die auch Windschirme vermietet, gibt es unaufwendig Leckeres für Groß und Klein wie Pfannkuchen und Sandwiches. Auch am FKK-Bereich des Strands finden sich zahlreiche Strandpavillons. **Paal 69** gibt es seit 30 Jahren [Boulevard Paulus Loot, 2042 AD Zandvoort, Tel. +31 (0)23-571 82 31, www. paal69.nl. Tägl. ab 10 Uhr]. Der Traditionalist sticht wegen seines außergewöhnlichen Angebots hervor: Für die kleinen und größeren Snacks werden hauptsächlich frische Bioprodukte verwendet und die reichhaltige Auswahl an belegten Baguettes und Toasts ist besonders preisgünstig (bis € 4,50). Der Badeort ist gut mit dem Zug erreichbar und bietet sich damit ebenso als Ausgangspunkt für Tagestouren mit dem Zug an.

Nicht weniger turbulent geht es ca. 50 Kilometer weiter in **Scheveningen**, einem Stadtteil von Den Haag, zu (siehe

Ein Paradies für Wassersportler ist der Strand in Scheveningen

Tour S. 68). Der mondäne Ort hat sich zu einem der größten Seebäder in den Niederlanden etabliert. Am kilometerlangen und breiten, feinsandigen Strand fühlen sich besonders die Kleinen wohl. Noch ein Tipp für Familien: Wer eine ruhigere Strandatmosphäre bevorzugt, der sollte den südlichen Strandteil **Kijkduin** besuchen. Hier tummeln sich vor allem Einheimische. Der Strandabschnitt ist für Familien mit Kinderwagen allerdings nicht so bequem zu erreichen, da man nur über die Dünen nach Kijkduin gelangt. Am Strand von Scheveningen versorgen über 50 Gaststätten und Pavillons die Sommergäste!

Anfahrt Zandvoort: N 200 Richtung Zeeweg. **Scheveningen:** *A 12, A 4 oder A 13 Richtung Den Haag, Wassenaar.* **Tourismusbüro:** *VVV Zandvoort, Bakkerstraat 2b, 2042 HK Zandvoort, Tel. +31 (0)23-571 79 47, www. vvvzandvoort.nl.*

Hoek van Holland: Strandleben und Spielspaß

Das Küstenstädtchen in Zuid-Holland ist ein beliebter Badeort für Familien. Der Strand ist rund 250 Meter breit und 3,5 Kilometer lang. Fahrrad- und Wanderwege durchziehen das frei zugängliche Strandareal. Der Strand lässt sich in drei Abschnitte einteilen: Der **„grote"** Strand (über Badweg und Zeekant gut zu erreichen) bietet die beste Voraussetzung, denn hier stehen die meisten Strandpavillons, und es können Strandstühle und Trampoline gemietet werden. Für die Sicherheit ist die Strandwacht verantwortlich. Neben Strandspielangeboten für Kinder sorgt die große Bücherauswahl der Strandbibliothek für Abwechslung. Sicher ist das eine oder andere Kinder- und Bilderbuch dabei. Am **„hoekse"** Strand (über die Rechtestraat) kommen vor allem Wassersportler auf ihre Kosten. Der **„noordelijke"** Strand, der nördlichste Teil bis nach 's Gravenzande, ist Anziehungspunkt für FKK-Liebhaber. Vom Strand erreicht man in vier Autominuten den Spielplatz in Hoek van Holland: **Speeltuinvereniging**

Ein Leuchtturm voller kleiner Leuchttürme

Er leuchtet keinem Schiff mehr, dafür lässt er die Augen aller Kinder glänzen. Im Inneren gibt es das **Kustverlichtingsmuseum** *mit einer tollen Ausstellung und vielen Modellen. Willem van Houtenstraat 102, 3151 AC Hoek van Holland, Tel. +31 (0)70-391 24 48. Mai-Sep Sa/ So 13-16 Uhr. Eintritt frei. Führung n. Absprache (€ 1 p. P.).*

Bei Familien mit Kindern ist Hoek van Holland besonders beliebt

[Prins Hendrikstraat 144d, 3151 AS Hoek van Holland, Tel. +31 (0)6-18 77 55 85, www.speeltuinhvh.nl. März-Sep Mi-So 12-18, Okt-Nov 12-16 Uhr. Erw. frei, Kinder (ab 2 J.) € 2], wo sich die Racker in der Sandkiste unter Aufsicht austoben.

Anfahrt: *über N 223 oder N 211.*
Tourismusbüro: *VVV Hoek van Holland Store, Prins Hendrikstraat 281, 3151 AK Hoek van Holland, Tel. +31 (0)174-51 95 70, www.gethoekt.nl.*

Noordwijk: Strand der Fußballnationalmannschaft und endlose Dünen

Noordwijk ist ein Badeort, der sich internationaler Beliebtheit erfreut. Der 14 Kilometer lange Sandstrand wird von Rettungsschwimmern bewacht. Im Norden des Dorfs befindet sich ein spektakuläres Wanderdünengebiet. Von den Aussichtspunkten hat man einen fantastischen Blick auf die Dünen, die Nordsee, Noordwijk und die Felder mit wunderschönen Frühblühern. Aber auch Rehe und Füchse kann man im Dünenstreifen beobachten. Und begeisterte Fußballer, die davon träumen, Arjen Robben, Rafael van der Vaart und Co. zu begegnen, sind hier am richtigen Platz. Denn die niederländische Fußballnationalmannschaft kommt zum Relaxen regelmäßig hierher. Wer mit dem vierbeinigen Familienmitglied verreist, sollte den Hundestrand am Ende des Koningin Astrid Boulevards aufsuchen. Der **Take2-Beach-Pavillon** [Tel. +31 (0)71-364 87 90, www.beachend. nl. März-Okt 10-20 Uhr] ist eine der wenigen Gaststätten, an denen auch Hunde willkommen sind.

Anfahrt: N 444 über Van de Mortelstraat ausgeschildert.
Tourismusbüro: Besucherzentrum Noordwijk, De Grent 8, 2202 EK Noordwijk, Tel. +31 (0)71-361 93 21, www.noordwijk.info.

Der feinsandige Strand in Noordwijk ist besonders breit

Walcheren: Zahlreiche Strände und viele Sonnenstunden

Am endlos langen Strandparadies Walcheren mit den nach eigenen Angaben meisten Sonnenstunden der Niederlande können Sie sich erholen. Die Halbinsel liegt in den südwestlichen Niederlanden und war noch bis 1871 eine Insel. Sie gehört zur Provinz **Zeeland**, welche insgesamt etwa 650 Kilometer Küste und Strände für jeden Geschmack bietet. Abseits der großen Städte sind sie weniger überfüllt. Jede Region hat ihren touristischen Topstrand. Auf Walcheren ist es Domburg und in Zeeuws-Vlaanderen Cadzand (siehe S. 30). Für Familienurlaube eignen sich vor allem die Abschnitte in der Region Walcheren und Nieuwvliet.

Die Deutschen lieben den meistbesuchten und mondänsten Badeort von **Walcheren: Domburg**. Kein Wunder, hat er doch 2011 die Auszeichnung der Blauen Flagge erhalten. In den ehemaligen Kurort inmitten eines Dünen- und Waldgebiets kamen ab Mitte des 19. Jahrhunderts vor allem Gäste aus der Oberschicht, wie die Kaiserin Sisi. Stilvolle Gebäude erinnern noch an die Belle Époque. Der 4,5 Kilometer lange Sandstrand wird nach Osten breiter. Dank Laufbrettern ist er auch mit dem Kinderwagen leicht zugänglich. Es gibt sanitäre Anlagen, eine Vermietung für Strandartikel, -kabinen, und Rettungs-

In der Region Zeeland bieten sich vor allem die Strände auf Walcheren an

schwimmer überwachen den Strand. Neben den Strandpavillons gibt es auch mehrere Spielplätze. Erkunden Sie die Gegend auf dem Fahrrad oder zu Fuß. Auf Schloss Westhove fühlen Sie sich garantiert ins Mittelalter zurückversetzt. **Vrouwenpolder** ist ein ehemaliger Wallfahrtsort. Der Strand hier grenzt an die Nordsee und das Veerse Meer, sodass sich die Badegäste für Süß- oder Salzwasser entscheiden können. Vom Strand, der mit der Blauen Flagge ausgezeichnet wurde, hat man einen guten Blick auf das Oosterschelde-Sturmflutwehr und auf den Veerse Gatdam, der Walcheren mit Noord-Beveland verbindet. Der fünf Kilometer lange Strand mit feinem Sand zählt zu den breitesten und schönsten Hollands. Selbst in der Hochsaison ist er nie überlaufen. Nach dem Motto: „Spielen in Vrouwenpolder" werden viele Strandaktivitäten angeboten. Hier kann man u. a. Beachvolleyball spielen, Drachen steigen lassen und surfen sowie diverse Spielgeräte ausleihen. Strandpavillons, Toiletten, Duschen und Laufplanken ergänzen den Komfort. Am Veerse Meer kommen Sportler auf ihre Kosten (z. B. Surfen, Wasserski, Tauchen). Der Strand der zeeländischen Riviera, wie **Zoutelande** auch genannt wird, ist 5 Kilometer lang, hat vier Strandpavillons und eine Wanderpromenade. Einige

der höchsten Dünen der Niederlande (54 Meter) schützen das Hinterland gegen das Wasser der Westerschelde. Vor dem Ortskern wurde ein Deich angelegt, welcher den Strandabschnitt zwischen Westkapelle und Vlissingen kurz unterbricht. In dem Familienbadeort mit kleinen Läden und Gassen kann man das Puppen- und Trachtenmuseum besuchen. Ein Wanderweg führt fast ohne Unterbrechung von Zoutelande bis nach Vlissingen. Noch ein Tipp für Familien mit kleineren Kindern: An der Küste von **Zeeuws-Vlaanderen** zwischen den Badeorten Breskens und Cadzand liegt der kleine Badeort **Nieuwvliet-Bad**. Entlang der ganzen Küste kann man jahrhundertealte Haifischzähne finden (Tipp: Suchen Sie am besten beim Radarturm). Nieuwvliet ist ideal für Familien mit Kindern, da bei Ebbe das Wasser in flachen Tümpeln stehen bleibt und so kleine „Kinderbecken" bildet, die so flach sind, dass nichts passieren kann.

> ### Niemand geht auf Zeeland verloren
>
> *An den Stränden in Zeeland sind die speziellen Nijntje-Pfähle aufgestellt. Darauf ist ein kleines Kaninchen zu sehen. Die Geschichten der Comicfigur, die der Niederländer Dick Bruna entwarf, gibt es auch als Kinderbücher. Im Deutschen heißt Nijntje übrigens Miffy. Zudem bietet das Tourismusbüro (VVV Ouddorp aan Zee, Bosweg 2, 3253 XA Ouddorp, Tel. +31 (0)187-68 17 89, www.vvvzeeland.nl. Mo-Fr 9-17, Sa 9-16 Uhr) ANWB-Kinderlabel an. Auf diese Armbänder können Eltern ihre Handynummer schreiben, falls sich ihre Kinder doch einmal verlaufen.*

Anfahrt Domburg: *über A 58 bis Middelburg, dann über Grijpskerke und Aagtekerke. Parken kann man auf dem großen Parkplatz bei den Dünen (€ 1,20 pro Std.) und am Dorfrand (€ 0,25 oder gratis).* **Vrouwenpolder:** *über N 57 aus dem Norden oder Süden. Oberhalb der Dünen stehen Parkplätze (€ 4 pro Tag) zur Verfügung.* **Zoutelande:** *über A 58 bis Vlissingen, dann über Koudekerke und Biggekerke.* **Nieuwvliet:** *ab Terneuzen über IJzendijke, Schoondijke und Groede.* **Tourismusbüro:** *VVV Walcheren und Noord-Beveland, Postfach 8, 4357 ZG Domburg, Tel. +31 (0)118-58 13 42, www.vvvzeeland.nl.*

Cadzand: Haifischzähne sammeln am Nordseestrand

Cadzand-Bad ist der südlichste Badeort der Niederlande. Er liegt mitten in einem schönen Dünengebiet zwischen dem Naturgebiet **Het Zwin** im Westen und **De Zwarte Polder** im Osten. Cadzand gehört mit den anderen elf Stränden der Gemeinde Sluis in Zeeland zu den saubersten Stränden der Niederlande. Die Blaue Flagge ist Cadzand übrigens auch zugewiesen worden (siehe Kasten S. 12). An dem breiten, fünf Kilometer langen Strand findet man Ruhe und Platz. Für Kinder ist er besonders ideal, weil das Ufer hier nur sanft abfällt. Es gibt öffentliche Duschen und Toiletten, Strandhäuschen, Laufbretter sowie einen Verleih für Liegestühle, Wind- und Sonnenschirme. Doch vielleicht fragen Sie sich, warum die Touristen am Strand von Cadzand so komisch laufen: den Blick gesenkt,

Piratenschmaus

*Besonders für Familien empfiehlt sich der Strandpavillon **De Piraat**, erreichbar über die Dünenübergänge 5 (Kievitte) und 6 (Villa Leopold) oder mit dem Auto über den Boulevard de Wielingen. Besonders Kinder werden sich im Restaurant mit riesiger Terrasse und Blick auf Strand und Wasser wohlfühlen, schließlich können sie sich auf dem Piratenschiff-Spielplatz richtig austoben. Duinovergang 5, 4506 JH Cadzand, Tel. +31 (0)117-39 60 60, info@piraat. nl. März-Okt tägl., Nov-Feb nur Sa/So.*

den Rücken gebeugt. Sie sind wohl vom „schwarzen Goldfieber" gepackt. Denn die Strände sind als gute Fundstellen von fossilen Haifischzähnen bekannt. Noch ein kleiner Tipp: Schauen Sie besonders an Stellen mit viel Muschelgries. Beim „Zwingeul" soll ein guter Fundort sein.

Anfahrt: vom Ortskern Cadzand in nur vier Autominuten über die N 674/ Ringdijk Noord.
Tourismusbüro: VVV Cadzand, Boulevard de Wielingen 44d, 4506 JK Cadzand, Tel. +31 (0)117-39 12 98, www.vvvzeeland.nl.

Augen auf! Am Strand von Cadzand findet man oft Fossilien

Tour 1: Amsterdam, eine Weltstadt für Kinder

Amsterdam

Wo: Amsterdam, in der Provinz Noord-Holland – Wie: Anfahrt mit dem Auto oder Zug, innerörtlich: mit dem Boot, der Straßenbahn und zu Fuß – Dauer: Tagesausflug – Nicht vergessen: Verpflegung, Fotoapparat, Laufschuhe

Amsterdam ist eine „kleine" Weltstadt, man könnte fast sagen: ein weltbürgerliches Dorf mit multikulturellem Ambiente. Historische Grachten mit Giebelhäusern und vielen Brücken prägen das Stadtbild. Es gibt keine großen Boulevards, nur schmale Straßen, Gassen und Häuser (siehe Kasten S. 33). Die Stadt hat ihren eigenen Charme sowie eine gelassene, locker anmutende Atmosphäre. Überall sieht man Fahrräder. Als kulturelles Zentrum der Niederlande hat Amsterdam viele Museen, Theater und Konzertsäle. Da Wasser und Brücken im „Venedig des Nordens" untrennbar mit der Stadt verbunden sind, kommt man um eine Grachtenrundfahrt nicht herum – erst recht nicht, seitdem der Amsterdamer Grachtengürtel UNESCO-Weltkulturerbe ist.

Der Hauptbahnhof von Amsterdam – hier startet die Tour

Schmale, bunte Häuschen

Dass die Häuser oft so schmal sind, hat wohl u. a. mit dem einstigen Mangel an Wohnraum zu tun. Außerdem wurden Steuern nach Zahl der Fenster und der Breite der Häuser berechnet, was zur Folge hatte, dass man schmale Häuser baute, die tief nach hinten liefen. Übrigens gab es bis 1795 keine Hausnummern. Mit der individuellen Gestaltung der Fassaden wollte man das Fehlen der Hausnummern kompensieren. Und die Fassaden galten oft als Statussymbol.

Im Venedig des Nordens

Los geht es am Hauptbahnhof. Hier lassen Sie sich am besten beim **GVB Tickets & Info Büro** beraten, welche Tickets Sie brauchen [Stationsplein, www.gvb.nl. Mo-Fr 7-21, Sa/So 10-18 Uhr]. Das Büro befindet sich gegenüber dem Eingang zum Bahnhof. Hier sind Tagestickets oder Strippenkaarten (Streifenkarten) erhältlich, und Sie bekommen Pläne des Streckennetzes. Zu empfehlen ist die „I Amsterdam"-Karte für € 40 pro Tag (inkl. Grachtenfahrt, kostenloser Nutzung der öffentlichen Verkehrsmittel, kostenlosem Eintritt in Museen u. a.). Sie bekommen die Karte auch bei der **VVV (Touristeninformation)** gleich neben der GVB [Informationsstelle Stationsplein 10, Gebäude Noord-Zuid Hollands Koffiehuis, 1012 AB Amsterdam, Tel. +31 (0)20-201 88 00, www.iamsterdam.com. So-Do 9-17, Fr/Sa 9-18 Uhr].

Auf den Grachten unterwegs

In der Nähe des Hauptbahnhofs sind verschiedene Anbieter für **Grachtenfahrten** zu finden (über den Stationsplein nach rechts in die Prins Hendrikkade oder geradeaus in den Damrak). Obwohl der Verlauf der Routen etwas variieren kann, gehen alle Touren erst mal durch die Innenstadt, vorbei an den drei Hauptgrachten (siehe Kasten S. 34) und den Hauptsehenswürdigkeiten wie dem Westerturm, dem Zeedijk (der älteste Teil der Stadt), der Amstel mit der „Magere Brug", dem Theater Carré sowie dem Munttoren. Die Bootstouren dauern jeweils rund eine Stunde und haben meist auch eine deutsche Reiseführung. Sollte Ihren Kindern wider Erwarten langweilig werden, wäre Brückenzählen eine gute Unterhaltung – alle 1.280 werden sie wohl nicht schaffen [Abfahrzeiten alle 30 Minuten, verschiedene Anbieter

Park and Ride

Ein Tagesticket auf den Parkplätzen kostet € 8 und beinhaltet eine Hin- und Rückfahrt mit öffentlichen Verkehrsmitteln zum Hauptbahnhof. Gehen Sie mit Ihrem Parkticket zur Aufsicht und bitten Sie explizit um P+R-Fahrkarten, sonst zahlen Sie über € 20.
P+R-Parkplätze:
Sloterdijk (im Nordwesten, hinter der Station Sloterdijk), Zeeburg (im Osten), Transferium Arena (im Süden, unter der Arena), Olympic Stadion (im Südwesten).

Grachten

*Die drei Hauptgrachten sind die **Heren-**, die **Keizers-** und die **Prinsengracht**. Die Herengracht ist die Wichtigste und die mit den schönsten Häusern. Durch Handel reich gewordene Bürger haben sich diese Gracht selbst gewidmet. Sie nannten sich „Heren" (Herren), um sich deutlich vom Adel abzusetzen. Die zweitwichtigste Gracht wurde Kaiser Maximilian I. von Österreich gewidmet. Er nahm im 15. Jahrhundert die Stadt unter kaiserlichen Schutz. Erst an dritter Stelle kommt dann die Prinsengracht – da man am wenigsten Sympathie für das Haus Oranje und seine Prinzen hatte.*

wie Rederij Lovers, Canal Company, Canal Cruises und viele mehr. Preise ca. Erw. € 13, Kinder (4-12 J.) € 6,50].

Schwimmender Blumenmarkt

Wenn Sie wieder festen Boden unter den Füßen haben, machen Sie einen kurzen Spaziergang Richtung Dam. Laufen Sie dazu den **Damrak** hinunter, die große Straße, die geradeaus vom Hauptbahnhof wegführt. Auf einem Platz angekommen, sehen Sie in der Mitte das große **Nationaldenkmal**. Der 22 Meter hohe Obelisk erinnert an die Gefallenen aus dem Zweiten Weltkrieg. Der **Königliche Palast** gegenüber wurde im 17. Jahrhundert als Rathaus gebaut und dient heute immer noch den offiziellen Empfängen der königlichen Familie oder Staatsbesuchen. Kinder finden es immer lustig, sich zwischen den Taubenschwärmen auf dem Platz vor dem Palast aufzuhalten. Im Sommer gibt es mittwochs, samstags und sonntags ab 13 Uhr Kasperletheater auf dem **Dam**. Meist sind hier auch Straßenkünstler anzutreffen. Hinter dem Königlichen Palast liegt das Shoppingcenter **Magna Plaza** in einem ehemaligen Postamt. Vielleicht ist ja doch eine kleine Shoppingpause drin? Vom Dam gehen links und rechts Einkaufsstraßen ab. Sie laufen nach links in die Kalverstraat. An ihrem Ende sehen Sie links den **Munttoren** am Muntplein. Die untere Hälfte des Turms war Teil der einstigen mittelalterlichen Stadtmauer. Rechts vom Turm, also Ihnen gegenüber, befindet

Das Kindercafé

In der Nähe des Vondelparks befindet sich das Kinderkookkafé (gegenüber vom Tennispark Kattenlaan, Ecke Overtoom 325). Hier wird alles von Kindern gemacht: Unterstützt von zwei Erwachsenen kochen sie, bedienen, waschen ab, stehen hinter dem Tresen und kassieren. Ihre Kinder können auch mithelfen, oder Sie gehen hier einfach „nur" essen. Erwarten Sie aber keine Haute Cuisine, es geht um die Idee und den Spaß!
***Kinderkookkafé:** Vondelpark 6b, 1071 AA Amsterdam, Tel. +31 (0)20-625 32 57, www.kinderkookkafe.nl. Tägl. 10-17 Uhr.*

sich der **Blumenmarkt** (Singelgracht, Mo-Sa 9-17.30, So 11-17 Uhr). Die bunten Verkaufsstände, die auf Barkassen im Wasser treiben, bieten einen malerischen Anblick. Früher kamen die Händler von ihren Gärtnereien direkt mit ihren Booten hierher.

Der größte Markt der Stadt

Wenn Ihre Kinder jetzt spielen möchten, bietet sich die Spielanlage **Tun Fun** für Kinder bis zwölf Jahren an [Mr. Visserplein 7, 1011 RD Amsterdam, Tel. +31 (0)20-689 43 00, www.tunfun.nl. Tägl. 10-18 Uhr (Kasse schließt 17 Uhr). Erw. und Kinder (unter 1 J.) frei, Kinder (1-12 J.) € 7,50]. Nehmen Sie am Rokin beim Muntplein die Tramlijn 9 oder 14 zur Haltestelle „Mr. Visserplein". Dort ausgestiegen, überqueren Sie die

Kreuzung zu ihrer Rechten. Das Spielparadies Tun Fun ist in einem ehemaligen Autotunnel untergebracht. Hier können die Kleinen auf 4.000 Quadratmetern unbegrenzt spielen, klettern, rutschen, kicken, tanzen, basteln und vieles mehr. Für die Jüngsten (1-4 J.) gibt es einen Bereich mit weichen Materialien sowie eine Baby-Lounge mit Wickeltischen und Kindertoiletten. Die Eltern können sich solange im gastronomischen Teil HapSap aufhalten. Wenn Sie möchten, können Sie nach dem Spielen einen Blick auf den **Trödel- und Flohmarkt Waterlooplein** (Mo-Sa 9-17 Uhr) werfen, der direkt vom Mr. Visserplein abgeht. Mit der Tram 9 oder 14 geht es zurück zur Vijzelsgracht, Haltestelle „Muntplein/Damrak". Steigen Sie um in die Tram 16 oder 24 und fahren Sie bis zur Haltestelle „Albert

Ein Muss in Amsterdam: eine Grachtenfahrt

Cuypstraat". Der **Albert Cuypmarkt** (Mo-Sa 9-18 Uhr) ist der größte Markt der Stadt. An den rund 350 Ständen gibt es fast alles, von Lebensmitteln bis zu Blumen. Danach geht es mit der Tram 16 oder 24 zum Museumplein, Haltestelle „Van Baerlestraat".

Rembrandt und die Tropen

Den großen, offenen Museumplein säumen mehrere Museen, von denen besonders eins empfehlenswert für Familien ist: **Het Rijksmuseum** ist in jeder Beziehung das größte Museum der Niederlande. Es wird jährlich von mehr als einer Million Menschen besucht und ist berühmt für seine Werke z. B. von Rembrandt und Vermeer [Jan Luijkenstraat 1, 1071 CH Amsterdam, Tel. +31 (0)20-674 70 00, www.rijksmuseum.nl. Tägl. 9-18 Uhr (Kasse schließt 17.30 Uhr). Erw. € 12,50, Kinder (bis 18 J.) frei]. Ein Café hat das Museum nicht, aber mit dem Ticket bekommen Sie 15 Prozent Rabatt im Café Cobra am Museumplein. Vom Rijksmuseum aus geht es weiter die Stadhouderskade nach rechts und die Mauritskade entlang. Nach drei Kilometern kommen Sie zum **Tropenmuseum Amsterdam.** Die Exponate haben viel zu erzählen. Online oder vor Ort erfahren Besucher die schönsten Geschichten aus aller Welt [Linnaeusstraat 2, 1092 CK Amsterdam, Tel. +31 (0)20-568 82 33, www.tropenmuseum.nl. Tägl. 10-17 Uhr. Erw. € 10, Kinder (4-12 J.) € 6].

Erholung im Grünen

Jetzt dürfen Sie sich entspannen! Gehen Sie zurück zum Museum und rechts die Van Baerlestraat hoch bis zur Vossiusstraat und dann links in den **Vondelpark** (www.vondelpark.nl, siehe Kasten S. 34). Reiche Bürger gründeten den 48 Hektar großen und zwei Kilometer langen Park im 19. Jahrhundert als Erholungsgebiet. Im Sommer finden hier Konzerte, Theater- und Filmvorstellungen statt. Und vergessen Sie nicht, einen der Spielplätze zu besuchen, z. B. beim Café Melkhuis an der nördlichen Seite, in der Mitte des Parks. Während die Kinder toben, können Sie den Tag entspannt ausklingen lassen.

Das Rijksmuseum ist das größte Museum der Niederlande

Tour 2: Wo Seehunde wieder gesund werden

*Harlingen • Leeuwarden • Dokkum • Esonstad • Lauwersoog •
Pieterburen • Groningen*

Wo: im Deichland, im Norden von Groningen und Friesland – Wie: mit dem Auto – Dauer: 137 km (mit Besuch der Theefabriek: 13,6 km mehr); Harlingen–Esonstad (72 km) oder Lauwersmeer–Pieterburen–Groningen (54 km) – Nicht vergessen: Badesachen und Fernglas

Auf Harlingens Wasserstraßen

Stadtrundfahrt einmal anders: Mieten Sie sich in Harlingen für eine oder zwei Stunden ein kleines Motorboot (Führerschein nicht nötig) und erkunden Sie auf eigene Faust die von Grachten durchzogene Innenstadt. **Bootjesverhuur Ouwe Seun:** Jacob Backerstraat 39, 8861 HW Harlingen, Tel. +31 (0)6-24 23 51 15, www.ouweseun.nl. Std. € 10, halber Tag € 27,50.

Entdecken Sie den Norden der Niederlande, es lohnt sich! Das haben in den vergangenen Jahren immer mehr Erholungsuchende erkannt, nicht nur wegen der schönen Inseln, die man von Harlingen aus per Fähre erreicht. Eine Überfahrt zu den beiden friesischen Wattenmeerinseln **Vlieland** (siehe S. 19) und **Terschelling** dauert jeweils 45 Minuten [Rederij Doeksen, Waddenpromenade 5, 8861 NT Harlingen, Tel. +31 (0)562-44 20 02, www.rederij-doeksen.nl. In der Hauptsaison Terschelling ca. 7-mal tägl., Hinfahrt 8.30-19.50, Rückfahrt 7-17.30 Uhr, Vlieland ca. 5-mal tägl., Hinfahrt 8.30-19, Rückfahrt 7-16.45 Uhr (siehe Internet). Hin- u. Rückfahrt Erw. € 22,94, Kinder (4-11 J.) € 11,42]. Wir zeigen Ihnen auch, wie Sie den Norden per Auto häppchenweise erkunden können, z. B. von Harlingen aus nach Esonstad/

Lauwersoog. Oder von Leeuwarden über den Lauwersmeerdeich zur berühmten Seehundstation in Pieterburen.

„Skûtsjes" und Techno-Golf

Starten wir in **Harlingen**. Der Hafen dieser pittoresken Kleinstadt mit seinen etwa 15.000 Einwohnern zieht sich bis ins Zentrum. In der Hauptsaison ist das Becken vollgestopft mit Segelbooten und Plattbodenschiffen, den sogenannten Skûtsjes. Zeigen Sie Ihren Kindern die im Hafen hochgeklappten Seitenschwerter dieser Boote, die u. a. dafür sorgen, dass diese Schiffe mit extrem geringem Tiefgang durchs Wattenmeer kommen. Nach der Schiffsinspektion gelangen Sie über den Zuidwalweg auf die N 393

Nein, das ist nicht in Pisa – das ist der schiefe Turm von Leeuwarden

aufgenommen und das Observatorium lässt Kinder und Erwachsene bis zu den Inseln Terschelling und Vlieland schauen. Im Restaurant können die Erwachsenen bei einem kleinen Snack in Ruhe ihre Kinder spielen und experimentieren lassen – oder mitmachen.

So schief wie in Pisa

Von Sexbierum fahren Sie Richtung A 31 und erreichen nach 23 Kilometern die friesische Provinzhauptstadt **Leeuwarden** (sprich: „Lee-u-warde"). Markant ragt der **Oldehove** (Friesisch: Aldehou) über die Dächer der Stadt – der schiefe Turm der 90.000-Einwohner-Stadt ist mit seinen

(Hearewei) und nach 5,9 Kilometern zum **Aeolus-Park** in **Sexbierum** [Hearewei 24a, 8855 AZ Sexbierum, Tel. +31 (0)517-59 11 44, www.aeolusfriesland. nl. Tägl. 10-19 Uhr. Erw. u. Kinder € 6]. Das Gebäude ist eine gläserne Pyramide, in der man auf drei Etagen z. B. mit Luftkanonen schießen, mit Spiegeln ins Unendliche schauen oder versuchen kann, den eigenen Schatten festzuhalten. Auf zwölf Bahnen wird Techno-Golf gespielt, im Musikstudio die eigene CD

> ## Mysteriöse Berühmtheit
> *Margaretha Geertruida Zelle, 1876 in Leeuwarden geboren, ging als Mata Hari – Auge des Morgens – in die Geschichte ein. Die legendäre Tänzerin lebte in Indien, auf Java und in den Großstädten Europas. Angeblich war sie während des 1. Weltkriegs als Doppelagentin tätig gewesen, was 1917 zu ihrer Hinrichtung führte. Ihr zu Ehren wurde in der Innenstadt Leeuwardens ein Standbild errichtet. Das **Fries Museum** erinnert an das abenteuerliche Leben des glamourösesten Kindes der Stadt. Turfmarkt 11, 8911 KS Leeuwarden, Tel. +31 (0)58-255 55 00, www. friesmuseum.nl. Di-So 11-17 Uhr. Erw. € 6, Kinder (bis 12 J.) Eintritt frei.*

40 Metern Höhe fast genauso schief wie der berühmte Turm von Pisa. Den Oldehove kann man besteigen und die Stufen zählen: Es sind 183 [Oldehoofsterkerkhof 1, 8911 DH Leeuwarden, Tel. +31 (0)58-234 75 50. Mai-Sep Di-Sa 14-17 Uhr. Erw. € 2, Kinder € 1]!

Fütterung der Pinguine

Nur 6,4 Kilometer beträgt die Entfernung vom Oldehove bis zum **Aquazoo Friesland**. Sie erreichen ihn, wenn Sie vom Groningerstraatweg rechts abbiegen [De Groene Ster 2, 8926 XE Leeuwarden, Tel. +31 (0)511-43 12 14, www.frieslandzoo.nl. Tägl. Mai-Sep 9.30-18, Okt-April 10-17 Uhr. Erw. € 17, Kinder (3-11 J.) € 14,50]. Otter, Pinguine, Seehunde – so ziemlich alles, was sich auf und im Wasser bewegt, hat im früheren Otterpark von Leeuwarden ein Zuhause gefunden. Tipp: Die Fütterung der Humboldt-Pinguine um 13.30 Uhr ist besonders sehens- und hörenswert.

Sie erreichen vom Aquazoo aus **Dokkum** in einer halben Stunde; Sie fahren die N 355 in Richtung Groningen, biegen nach 2,8 Kilometern vom Aquazoo links in den Westerdijk (N 361) und erreichen nach 18 Kilometern den Harddraversdijk (links); nach wenigen Hundert Metern können Sie Ihr Auto parken. Benutzen Sie am besten den Parkplatz am Harddraverspark, um von dort aus schnell die bildschöne Innenstadt zu erreichen. Dokkum ist die nördlichste Stadt der Niederlande. Mittwochs findet auf dem Platz hinter der Waage der Wochenmarkt statt (11-17 Uhr). Das **Restaurant** im ehemaligen Waagegebäude sollten Sie zu einem Mittagsnack nutzen [Eethuis „De Waegh", Grote Breedstraat 1, 9101

> ## Terpen = Warften
> *Der Weg nach Dokkum führt an vielen kleinen Dörfern entlang, die eins gemeinsam haben: Sie stehen auf Terpen, den friesischen Wohnhügeln. Diese wurden zwischen 1100 und 1500 aufgeworfen, um darauf Kirchen und Bauernhöfe hochwassersicher zu errichten. Die Terpen (in Deutschland Warften genannt) konnten eine Höhe von bis zu zehn Metern erreichen. Kirchen, Friedhöfe sowie Bauernhöfe erheben sich deshalb auch heute noch aus dem friesischen Flachland.*

KH Dokkum, Tel. +31 (0)519-22 10 00, www.waagdokkum.nl. So/Mo ab 13, Di-Sa ab 11 Uhr]. Die Küche verwendet nach Möglichkeit regionale Rohwaren sowie Bioprodukte. Besonders gut schmeckt die Rahmtomatensuppe mit geräuchertem Hühnchen (€ 4,15), für Kinder gibt es Pannenkoeken oder Poffertjes.

Rund um die Festung

Als kleiner Verdauungsspaziergang bietet sich vom Restaurant aus eine Runde um die von Kanälen umgebene Festung Dokkum an. Der Wanderweg ist ausgeschildert. Sie erreichen ihn vom Marktplatz, wenn Sie rechts in die Grote Breedstraat einbiegen, nach 50 Metern rechts auf den Diepswal wechseln, weiter über den Halvemaanspoort und nach 50 Metern über das Ooster-zum Noorderbolwerk wandern und dem Fußweg zum Westerbolwerk folgen. Über die Nauwstraat

Seehunde sind auch die Stars im Aquazoo Friesland (S. 39)

erreichen Sie nach rund 800 Metern wieder den Ausgangspunkt. Entweder Sie leisten sich im **Hotel-Restaurant De Posthoorn** [Diepswal 21, 9101 LA Dokkum, Tel. +31 (0)519-29 35 00, www. hotel-deposthoorn. nl. Tägl. ab 7 Uhr] noch einen Kaffee und einen süßen Nachtisch für die Kinder – oder Sie spazieren wieder zu Ihrem Auto und fahren weiter Richtung Lauwersmeer. Nach rund 13 Kilometern durch schier unendlich weite Landschaften erreichen Sie über die N 361 **Esonstad**. Da wo heute in Oostmahorn der **Landal-Ferienpark** steht, soll es früher eine alte friesische Stadt gegeben haben. Im Stile dieser Häuser wurde einer der schönsten Ferienparks des Landes errichtet. Hier können Sie im Winter auch als Nichtbesucher Schlittschuhlaufen [Landal Esonstad, Skanserwei 28, 9133 DT Anjum, Tel. +31 (0)519-32 95 55, www.landal.de. Dez-April tägl. 9-17 Uhr. € 3/Std., 7,50 €/Tag, inkl. Schlittschuhverleih (auch für Besucher, die nicht im Park wohnen)].

Mit dem Auto „übers Wasser"

Den schönsten Blick über das **Lauwersmeer** – inzwischen ein Süßwassersee (siehe Kasten S. 41), hat man von Oostmahorn aus, am Deich des Landal-Parks Esonstad gelegen. Der **Lauwersmeerpaviljoen** aus dem Jahr 1962 [Oostmahorn 29, 9133 DT Anjum, Tel. +31 (0)519-32 12 36, lauwersmeerpaviljoen.lauwersland.nl. Tägl. ab 10 Uhr, im Winter Mo/Di geschlossen] hat sich zu einem gemütlichen Treff mit zivilen Preisen entwickelt. Von dort aus haben Sie Ihre Kinder im Blick, die sich auf dem vor dem Restaurant liegenden Strandspielplatz austoben können.

Ein Salzwassermeer wird zum Süßwassersee

*Die Niederländer haben mit dem **Lauwersmeer** seit 1969 einen weiteren, künstlich geschaffenen Süßwassersee. Nicht ganz so groß und auch selten mehr als zwei Meter tief. Die Wälder und die Landschaft sind mit dem See zu einem **Nationalpark** erklärt worden. Hier leben seltene Vogelarten wie Eulen, Wanderfalken und Goldregenpfeifer, die sich mit dem Fernglas gut beobachten lassen. Elf markierte Wanderstrecken führen durch das Gebiet. Im Informationszentrum klärt ein kurzer Film über die Entstehung des Parks auf. Der Nationalpark bietet einen Spielwald für die Kleinen, einen Naturpfad, Vogelbeobachtung und Exkursionen rund ums Jahr. De Rug 1, 9976 VT Lauwersoog. In Ferienzeiten Di-So, 11-17 Uhr, Anmeldungen: Staatsbosbeheer Lauwersmeer, Tel. +31 (0)519-34 51 45. **Infos:** Rezeption des Campingplatzes in Lauwersoog (Strandweg 5, 9976 VS Lauwersoog, Tel. +31 (0)519-34 91 33, www.lauwersoog.nl),* **VVV-Tourismusbüros** *(Reitdiepskade 11, 9974 PJ Zoutkamp, Tel. +31 (0)595-40 19 57, www.vvvlauwersland.nl, und Op de Fetze 13, 9101 LE Dokkum, Tel. +31 (0)519-29 38 00, www.vvvdokkum.nl).*

Knapp 15 Minuten benötigen Sie mit dem Auto, um nach **Lauwersoog** zu kommen. Sie fahren über die Skanserwei zwei Kilometer bis zur N 361, biegen dort rechts ab und fahren sechs Kilometer gewissermaßen durchs Wasser: Auf der linken Seite Ihres Weges liegt das Wattenmeer, rechts das Lauwersmeer. Beim Überqueren der Sperrwerkanlagen verlassen Sie die Provinz Friesland und sind in der Provinz Groningen angekommen. Vom Lauwersooger Hafen legen die Fähren Richtung **Schiermonnikoog** (siehe S. 19) ab [Zeedijk 9, 9976 VM Lauwersoog, Tel. +31 (0)519-34 90 50, www.wpd.nl. Ab 6.30 Uhr im Zwei-Stunden-Takt, Fahrzeit: 45 Min. Hin- und Rückfahrt Erw. € 11,45 (April-Sep € 13,55), Kinder (bis 11 J.) € 6,45 (April-Sep € 7,45)].

Ein Tee in der Kirche gefällig?

Vielleicht noch einen Abstecher zur **Theefabriek**, die eigentlich nie eine Teefabrik war? Sie erreichen die frühere Kirche, wenn Sie über Zoutkamp am Lauwersmeer entlangfahren: Sie verlassen den Marneweg hinter Vierhuizen, biegen rechts in den Panserweg (N 388) ab, um im Zentrum von Zoutkamp nach links in die Churchillweg und dann knapp zwei Kilometer bis Houwerzijl zu fahren. Die Geschichte der Theefabriek begann 1989 mit einem Fernsehspot: „Wer kann aus der Kirche von Houwerzijl eine touristische Attraktion machen?", lautete die Frage. Drei Studenten nahmen die Herausforderung an und richteten in der Kirche die Theefabriek ein [Hoofdstraat 15-25, 9973 PD Houwerzijl, Tel. +31 (0)595-57 20 53, www.theefabriek. nl. April-Okt Di-So 10-17, außerhalb der Saison Sa/So, 10-17 Uhr. Teemuseum:

Erw. € 3, Kinder (4-12 J.) € 2]. Herausgekommen ist ein Teemuseum mit wunderschönem Ambiente. Es gibt 273 Teesorten aller Geschmacksrichtungen und aller Preisklassen. Die Theefabriek sagt von sich, sie habe die größte Teeauswahl der Welt. Und während Sie es sich schmecken lassen, können Ihre Kinder die Turmkammer unter der Kirchturmspitze besichtigen.

Von Houwerzijl geht es nach **Pieterburen** zur legendären **Seehundstation von Lenie 't Hart**. Sie benötigen eine knappe halbe Stunde, fahren über Niekerk und Ulrum in Richtung N 361, biegen rechts auf den Provinciale Weg (N 361), biegen nach 7,5 km links ab in die N 984, dann über Eenrum bis Pieterburen.

Die Holländerin Lenie 't Hart gilt als die Retterin der Seehunde. Sie betreibt mit einem großen Team die Seehundstation [Hoofdstraat 94a, 9968 AG Pieterburen, Tel. + 31 (0)595-52 65 26, www.zeehondencreche.nl. Tägl. 9-18 Uhr. Pro Pers. € 5]. Erkrankte Tiere, die im Wattenmeer gefunden werden, erholen sich hier und werden wieder aufgepäppelt. 1971 hatte die Initiatorin mit einer kleinen Badewanne im Garten angefangen, heute steht an der Hoofdstraat in Pieterburen ein mit Mitteln des WWF erbautes Domizil für Seehunde. Für Kinder gibt es eine Spielecke und einen Indoor-Sandspielplatz. Außerdem werden Führungen und spezielle Ferienprogramme für sie angeboten.

Wer noch aktiv werden möchte, fährt 26 Kilometer weiter zum Groninger Sportzentrum Kardinge. Sie fahren von Pieterburen aus über Eenrum, Winsum und Adorp (N 361) und erreichen den Ring um **Groningen**. Am Beneluxweg (N 64) biegen Sie rechts ab, um nach knapp zwei Kilometern in den Kardingeweg einzubiegen. Das imposante Gebäude des Sportzentrums ist nicht zu verfehlen. Im subtropischen Spaßbad können sich Ihre Kinder richtig austoben [Kardingerplein 1, 9735 AA Groningen, Tel. +31 (0)50-367 67 67, www.kardinge.nl. Mo-Fr 13-21, Sa/So 10-17 Uhr, in den Ferien und an einzelnen Tagen geänderte Zeiten (siehe Internet). Erw. € 5,10, Kinder (2-16 J.) € 3,90]. Und dann treten Sie mit müden und glücklichen Kindern den Rückweg ins Feriendomizil an.

Mit guten sportlichen Aussichten

*Inge Nijdam hält vor der Abfahrt nach Hause noch einiges auf ihrer Speisekarte im **Restaurant Kardinge** (tägl. ab 10 Uhr) bereit. Von Ihrem Platz im Lokal haben Sie eine blendende Aussicht auf das Sporttreiben im Kardinger Bad, aber auch auf die überdachte Eisschnelllaufbahn, die außerhalb der Eislaufsaison für vielfältigen Sommersport (Tennis, Skaten, Badminton) genutzt wird. Nach so einem erlebnisreichen Tag sollten Sie auf den klassischen holländischen Snack nicht verzichten: Patat mit Fleischbratrolle (Frikandel) oder eine holländische Krokette (€ 1,30) Und: Nicht nur Eisläufer in Kardinge wissen die heiße Schokolade (€ 2,10) mit Slagroom (Sahne) zu schätzen.*

Tour 3: Zur Robbeninsel und hoch auf dem Leuchtturm

Nes • De Vleyen • Buren • Nes, Alternative: Nes • Hollum • Ballum • Nes

Wo: auf der Insel Ameland – Wie: mit dem Fahrrad – Dauer: Tagesausflug (ca. 8,8 km), Alternativroute nach Hollum zum Leuchtturm (ca. 20 km) – Nicht vergessen: warme Kleidung, Badesachen, Sonnencreme, Fernglas

Ameland (siehe S. 18) ist eine Kinderinsel – gerade für die jungen Gäste gibt es einige besondere Sehenswürdigkeiten, zu denen diese Tour führt: mit dem Fischerboot zu den Robbenbänken, auf einen Leuchtturm, wie er im Bilderbuch steht, zu einer Mühle, die Senf mahlt, und zum besten Café des Landes. Die Tour startet am Fähranleger auf dem Festland in Holwerd, wo auch das Auto stehen bleibt [€ 4,50 pro Tag]. In 45 Minuten geht es

hinüber zur Insel [Wagenborg Passagierdiensten B.V., Tel. +31 (0)519-54 61 11, www.wpd.nl. Ab Holwerd alle 1-2 Std., Mo-Fr 7.30-19.30 (Juni-Aug Fr bis 20.30), Sa 9.30-19.30 (Juni-Aug 7.30-19.30, Juli/Aug bis 20.30), So 9.30-19.30 Uhr. Erw. € 11,15 (April-Sep € 13,20), Kinder (4-11 J.) € 6,10 (April-Sep € 7,15), Fahrrad € 7,05 (April-Sep € 8,50)].

100 Prozent Robbengarantie

Das erste Inselabenteuer wartet gleich am Anleger: Das Passagierschiff mit dem bezeichnenden Namen **Zeehond** (Seehund) startet zur Seehundbank. Kapitän Hans Boven navigiert das blau-weiße Boot durch die Brandung, und während die Eltern eine Tasse Kaffee trinken, toben die Kinder in der Spielecke. Durch die großen Panoramafenster hat man einen tollen Ausblick – auch bei schlechtem Wetter. Nach einer knappen Stunde kommen die ersten Seehunde in Sicht,

100 Prozent Robbengarantie: Kapitän Boven nimmt Sie mit zur Seehundbank

Speisen im Kapitänshaus

*Die alten Kapitänshäuser in Nes stammen aus der Walfängerzeit der Ameländer, die im 18. Jahrhundert ihre Blütezeit hatte. In einem ist das Restaurant **Het Witte Paard** (Das Weiße Pferd) untergebracht. Es wurde nach einem Schiff benannt, das 1777 vor der Küste Grönlands strandete. Wegen des Ambientes und der ausgezeichneten Menüs ist das Lokal weit über Ameland ein Begriff; es empfiehlt sich zu reservieren. Spezialität des Hauses: Cremesuppe (Bisque) mit Krabben (€ 7,90). Für die Kinder gibt's u. a. Fischstäbchen. Torenhoogte 5, 9163 HC Nes, Tel. +31 (0)519-54 22 09, www.hetwittepaardameland. nl. Hauptsaison tägl. ab 17 Uhr, sonst Mo geschlossen, Winter Mo-Mi geschlossen.*

jetzt heißt es ruhig sein! Der Kapitän erklärt auch in Deutsch, warum die Ruhezeiten für die Robben wichtig sind. Zurück geht es durch das Gatt, an der Westseite der Insel entlang und vorbei an Hollum. Schipperfamilie Boven gibt sogar hundert Prozent Robbengarantie [Familie H. Boven, Kêkelburen 1, 9161 DS Hollum, Tel. +31 (0)519-55 46 00. Ostern-Okt Di-Do, Sa Juli/Aug Mo-Sa tägl. meist um 13.30 Uhr (tidenabhängig), Dauer 2 Std. Erw. € 14,70, Kinder (bis einschl. 12 J.) € 9,20]. Noch eine Info von Hans Boven: „Die Seehundbabys werden Ende Juni/Anfang Juli geboren."

Unterwegs nach Nes

Nun geht es aber mit dem Drahtesel weiter. Den ersten **Fahrradverleih** finden Sie wenige Meter vom Fähranleger entfernt [Fietsenverhuur Kiewit, Reeweg 10, 9163 GN Nes, Tel. +31 (0)519-54 21 30, www. fietsenopameland.nl/de/. Ab € 6 pro Tag, Kinderfahrrad € 5, Kindersitz € 1]. Vorher können Sie sich noch beim **Fremdenverkehrsverein VVV** am Fähranleger mit Infomaterial versorgen [VVV Ameland, Bureweg 2, 9163 KE Nes. Mo-Fr 10-17,30, Sa 10-15 Uhr]. Zuerst radelt man in den Hauptort der 3.000-Einwohner-Insel: vom Fremdenverkehrsverein sind es nur 800 Meter. In **Nes** gibt es die schönsten Restaurants und meisten Geschäfte der Insel. Auf dem Kirchplatz beeindrucken die Gebäude und die Kirche (1734).

Das Wattenmeer für Kinder

*Neben De Vleyen steht das Wissens- und Innovationszentrum von Ameland mit Aquarien und einer Aussichtsplattform. Hier erfährt man Wissenswertes zum UNESCO-Weltnaturerbe Wattenmeer und zum Nordseegebiet. Es werden Touren für Kids ins Watt und in die Ameländer Natur organisiert. Betreten wird der Museumsraum durch einen Walfisch, eine Nachbildung eines auf Ameland gestrandeten Wals. **Natuurcentrum Ameland:** Strandweg 38, 9163 GN Nes, Tel. +31 (0)519-54 27 37. Hauptsaison Mo-Fr 10-17, Sa/ So 11-17, sonst Mi-So 13-17 Uhr. Erw. € 6, Kinder (5-12 J.) € 4,25.*

Wasser- und Spielparadies

Weiter führt Sie der Weg über die Kerk-
straat kurz danach rechts in den Van der
Straatenweg, schließlich nach hundert
Metern links zum Molenweg. Sie werden
es nach 500 Metern schon sehen: Das
Wasser- und Spieleparadies **De Vleyen**
an der Mühle von Ameland ist eine echte
Alternative zu den Hightechparks. Der
15 Hektar große Wasserspielplatz ist
kostenlos zu jeder Tageszeit zugänglich.
Ein Bewegungsparadies mit Strickleitern,
Seilbahn und Hängebrücken. Auf dem
Weg vom Spielplatz De Vleyen zum
Strand fahren Sie gut zwei Kilometer bis
zum Erholungsgebiet Klein Vaarwater,
auf dem beschilderten Weg Richtung
Buren, vorbei am Fußballfeld von Ameland und über den Paasduinweg.

Ein riesiger Sandkasten

Jetzt ist es Zeit, die Badesachen auszupa-
cken: Der Strand von **Buren** auf der Höhe
von Paal 17, den Sie nach 400 Metern am
Ende des Strandwegs erreichen, ist einer
der breitesten in Europa. Er ist gerade für
Kinder ideal, da sie oft Hunderte Meter
ins knietiefe Wasser gehen können. Der
Strandpaviljoen De Heksenhoed erinnert durch seine Ausgestaltung an Rixt
van het Oerd (siehe Kasten S. 46) und
frühere Strandräuber. Handgefertigte
Hexenpuppen und Strandgut machen
den Pavillon gemütlich. Die großzügige
Terrasse ermöglicht eine schöne Aussicht
auf den Strand. Gleichzeitig genießen Sie
ein Kopje Koffie, eine Tasse Kaffee, oder
warme Waffeln mit Kirschen und Sahne
(€ 3,85) [Strandpaviljoen De Heksenhoed,
Strandweg 85, 9164 KA Buren, Tel. +31
(0)519-54 25 54, www.heksenhoed-ame
land.nl. Fr-Mo 10-19, Di-Do 11-19 Uhr].

*Durch die Dünen von Ameland führen
viele wunderschöne Radwege*

Vielleicht gehen Sie ja selbst mit Ihren
Kindern auf Strandräuberexkursion. Sie
finden die merkwürdigsten Dinge: nicht
nur Muscheln, Seesterne und Quallen,
sondern manchmal auch Shampoofla-
schen aus China. Mit dem Fahrrad geht
es weiter vom Pavillon links durch die
Dünen, knapp zwei Kilometer am Meer
entlang. Nicht wundern, es gibt auch ein
paar ernst zu nehmende Steigungen, ehe
Sie am Strandpaviljoen Paal 13 in **Nes**
wieder den Blick aufs Meer haben. Durch
Nes führt der 2,7 Kilometer lange Weg
zum alten Steiger von Ameland.

Alternativroute

Auf der anderen Hälfte der Insel gibt es
eine alternative Route, die durchs Insel-

innere führt. Es geht an die Westspitze der Insel über Ballum und Hollum bis zum Leuchtturm. Vom Fähranleger in **Nes** ist der Turm über den Fietspad des Verbindungswegs nach gut zehn Kilometern zu erreichen (oder aber mit dem Linienbus 130, Haltestelle direkt vor dem Leuchtturm). Der 59 Meter hohe **Leuchtturm** gehört zu den lichtstärksten in Europa und ist mehr als zehn Kilometer weit zu sehen. Er stammt aus dem Jahr 1880 und ist auch zu besteigen [Vuurtoren, Oranjeweg, 9161 CC Hollum. Mo/So/feiertags 13-17, Di-Sa 10-17, Mi-Sa auch 19-21 Uhr. Erw. € 3,50, Kinder (5-12 J.) € 2,50]. 236 Stufen führen über 14 Etagen zur Galerie, von der man einen atemberaubenden Rundumblick über das Wattenmeer hat. In der Kuppel kann man einen nachgestellten Lotsen- und Überwachungsstützpunkt besichtigen. Auf den ersten Etagen ist ein Museum eingerichtet. Hier erfahren kleine Leuchtturmfans auch, warum der Turm die Hälfte seiner Streifen verloren hat (sie wurden eingespart, weil sie von Weitem betrachtet zu verschwommen waren). Für eine Stärkung bietet sich ein paar Häuser weiter das landesweit bekannte **Pannenkoekenhuis Onder de Vuurtoren** an [Oranjeweg 44, 9161 CC Hollum, Tel. +31 (0)519-55 40 69, www.onderdevuurtoren.nl. Tägl. ab 11 Uhr].

Der Senf von Ameland

Vom Leuchtturm aus sind es knapp fünf Minuten, um zur Hollumer Windmühle **De Verwachting** zu kommen (auf dem Oranjeweg nach 700 Metern halbrechts, nach 400 Metern rechts in den Bosweg, nach 70 Metern links über den Jacobsweg, nach 200 Metern auf den Molen-

weg). Die Holländermühle ist kein Hollumer Original, sie wurde im Jahre 1990 vom Festland auf die Insel transportiert und dort wieder aufgebaut. Seit 2005 wird hier auch Senf gemahlen. Besonders spannend wird es, wenn der Wind die riesigen Mühlenflügel antreibt und der Müller zeigt, wie im Inneren die großen Zahnräder die Mühlsteine in Bewegung setzen. Neben Senf kann man in dem

> ## Strandräuber unterwegs
> *Rixt van het Oerd* verführte vor vielen Jahren, mit einer Lampe über den Strand laufend, die vorbeifahrenden Schiffe, falsche Routen zu wählen. Wenn sie dann strandeten, sammelte die alte Rixt die an Land gespülten Gegenstände ein. Die Legende besagt, dass sie auf diese Weise auch ein Schiff zum Stranden brachte, auf dem ihr Sohn Sjoerd arbeitete. Seit seinem Tod geistert sie weiter über den Strand der Ostspitze von Ameland. Die Strandräuberei (Niederländisch: Strandjutten) hat auf Ameland nicht nur Tradition, sondern ist in abgewandelter Form auch heute noch präsent. Vor einigen Jahren gab es in der Bevölkerung große Aufregung, als von einem Frachter Tausende von Schuhen an Land gespült wurden – leider nicht paarweise. Und so begann unter den Ameländern ein Suchen nach den richtigen Partnerschuhen.

kleinen Laden Mehl, Mühlensouvenirs und Pfannkuchenmehl kaufen [De Verwachting, Molenweg 6, 9161 AW Hollum, Tel. +31 (0)519-54 27 37. Di-Fr 10-12 und 13-17, Sa 13-17, im Winter Mi-So 13-17 Uhr. Erw. € 2,75, Kinder € 2].

Ein Rettungsboot mit zehn Pferdestärken

In das Zentrum von **Hollum** geht es zurück über den Jacobsweg. Der größte Ort der Insel ist bei den Urlaubern sehr beliebt – das ganze Dorf ist ein lebendiges Geschichtsbuch. In der Hauptsaison zwischen Juni und Ende August wird wie in früheren Jahrhunderten das historische Rettungsboot Abraham Fock mit zehn Pferden zu Wasser gelassen (siehe Kasten S. 18). Es gibt auch ein eigenes Museum: das **Rettungsmuseum Abraham Fock** [Oranjeweg 18, 9163 CC Hollum, Tel. +31 (0)519-55 42 43, www.amelandermusea.nl. Im Sommer Mo-Fr 10-17, Sa/So 13.30-17, im Winter Mi-Sa 13.30-17 Uhr. Erw. € 4,25, Kinder € 3].

Das beste Café der Niederlande

Der Rückweg von Hollum zum Fähranleger führt wieder an **Ballum** vorbei. Der kleine Ort lohnt einen Abstecher, denn von der Hauptstraße knapp 300 Meter ortseinwärts liegt das **Café-Restaurant Nobel**. Es wurde wegen seines gemütlichen Interieurs einmal sogar als bestes Café der Niederlande ausgezeichnet [Café & Hotel Nobel, Gerrit Kosterweg 16, 9162 EN Ballum, Tel. +31 (0)519-55 41 57, www.hotelnobel.nl. Tägl. ab 8 Uhr]. Im selben Haus wird der weit über die Niederlande hinaus bekannte Likör Nobeltje (leicht süßlich) gebrannt. Wenn Sie ihn nicht probieren wollen, schauen Sie doch trotzdem ins Gebäude und genießen Sie die urige Atmosphäre des typischen Bruin Café. Am Wattenmeer entlang radeln Sie dann knapp sechs Kilometer zum Anleger zurück. Wenn Sie auf der Fähre dem Festland entgegenfahren, können Sie Ihren Kindern erzählen, dass hier noch vor gut hundert Jahren eine Verbindung zum Festland war. Aber die Nordsee entschied damals, dass Ameland eine Insel werden müsse: Der Damm wurde zum größten Teil Opfer der Wellen.

Wie aus dem Bilderbuch: der Leuchtturm von Ameland

Tour 4: Tausende Schafe können nicht irren

Texel • Den Hoorn • De Koog •
Rückfahrt alternativ über Den Burg oder De Waal und Oudeschild

Wo: auf der Insel Texel – Wie: mit dem Fahrrad – Dauer: Tagesausflug (ca. 31 oder ca. 28 km), Abkürzungen möglich – Nicht vergessen: Fernglas, Badesachen und Strandspielzeug

Schafzucht ist auf **Texel** (siehe S. 20) allgegenwärtig: Den Züchtern kann man im Mai beim Scheren zusehen, Schafsprodukte gibt es en masse zu kaufen,

Schafsschuppen mit steil aufgerichteten Dächern in Richtung Osten gehören zum Landschaftsbild der Insel dazu. Es gibt einen guten Grund, das Auto auf dem Festland am Fähranleger in Den Helder stehen zu lassen: Nicht weniger als 135 Kilometer Radwege zählt die Insel. Auf ihnen lassen sich die verschiedenen Naturgebiete wunderbar erkunden: die Polderlandschaft, bewachsene Dünen und Waldgebiete. Was man wissen muss: Jedes Dorf hat seine Eigenheiten. Den Burg ist das größte Dorf, De Koog das Dorf mit viel Strandleben, De Waal und Oosterend erwecken den Eindruck, als

Die Rasenmäher der Deiche auf Texel: Tausende von Schafen

Schafe auf Texel

Wichtigster Zweig der Landwirtschaft ist die Schafzucht mit ungefähr 22.000 Tieren. Obwohl diese vor allem wegen der Fleischproduktion aufgezogen werden, ist auch die Wolle von Texel bis weit über die Landesgrenzen hinaus bekannt. Das Fleisch wird hauptsächlich an Ort und Stelle verarbeitet und ist auf der Insel in vielen Läden erhältlich, z. B. in der Metzgerei Goënga, die berühmt ist für ihr Lammfleisch (Slagerij Goënga, De Naal 1, 1797 AX Den Hoorn; Tel. +31 (0)222-31 92 52, www.goenga.com. Mo-Fr 8.30-12.30, Mo/Mi/Do/Fr 13.30-18, Sa 8.30-17 Uhr). Schafwolle gibt es auf der ganzen Insel zu kaufen. Wer Zeit für einen Abstecher nach De Cocksdorp hat, findet bei Texelwool (IJsdijk 7) eine Riesenauswahl.

sei hier alles beim Alten geblieben, und Oudeschild ist ein Fischerdorf mit malerischen Häuschen.

Hollands beliebteste Ferieninsel

Modernste Fähren verkehren vom niederländischen Marinehafen Den Helder aus im Stundentakt. Texel ist übrigens auch bei deutschen Touristen die beliebteste Wattenmeerinsel der Niederlande [Teso-Fähre: Mo-Sa ab 6.30 Uhr, So/feiertags ab 7.30 (April-Sep) bzw. 8.30 Uhr (Okt-März), halbstündlich. Überfahrt: 20 Min. Hin- und Rückfahrt Erw. u. Kinder € 2,50, Kinder (bis 4 J.) frei. Pkw inkl. Insassen ab € 24,50]. Am **Fährhafen 't Horntje**, der Anlegestelle für die Fähren, beginnen die meisten Rad- und Wandertouren über die Insel. Fahrräder kann man bei **Fietsverhuur Veerhaven** leihen [Rijwielverhuur Veerhaven Texel, Pontweg 2, 1797 SR Den Hoorn, Tel. +31 (0)222-31 95 88, www.fietsverhuurtexel.nl. Pro Tag und Rad € 6, Kindersitz € 3].

Vögel und Schafe

Auf dem Weg von 't Horntje nach Den Hoorn, dem Hauptort der Insel, geht es durch den Prins Hendrikpolder, ein 1847 eingedeichtes, heute landwirtschaftlich genutztes Gebiet. Sie fahren über den Dageraad am Pontweg entlang, überqueren denselben und fahren über die Straße Molwerk bis Sie nach 600 Metern rechts auf den Watermolenweg abbiegen. Nach rund 1,2 Kilometern geht es weiter in Richtung Den Hoorn (links abbiegen in den Stolpweg). Texel zählt mehr als 300 Vogelarten, die zu Millionen zu unterschiedlichen Zeiten auf der Insel Station machen. Nehmen Sie ein Fernglas mit auf die Tour, damit Sie unterwegs Rotschenkel, Löffler, Gänse, Reiher, Seeschwalben, Sumpfohreulen, Brachvögel, Säbelschnäbler, Blaukehlchen und Fasane beobachten können.

Noch mehr Schafe in Den Hoorn

Die Leute auf Texel sagen: In Den Burg kauft man ein, in De Koog amüsiert man sich und in **Den Hoorn** geht man essen. Zum Beispiel im landesweit bekannten **Theaterrestaurant Klif 12** von Cor van Heerwaarden, das in den Sommermonaten zum Kinder-Theaterrestaurant wird. Die klamaukigen Vorführungen verstehen auch die deutschen Kids [Theater Restaurant Klif 12, 1797 AL Den Hoorn, Tel. +31 (0)222-31 96 33, www. klif12.nl. April-Okt tägl. ab 12 Uhr]. Die vielfältige Dinnerkarte macht ebenso Appetit wie die niederländische Frikandel (Fleischbratrolle) mit Pommes (Patat) und Apfelmus (Kinderteller € 4,50). Sichtbares Wahrzeichen vom früheren Lotsendorf Den Hoorn, ist die malerische Kirche aus dem 15. Jahrhundert. Vom Ortskern Den Hoorn aus radeln Sie über den Westerweg weiter und kommen am **Bauernhof Lindehoeve** vorbei. Ein Stopp lohnt sich hier. Bauer Carlo Veeger und seine Frau Carien führen Sie gern herum und zeigen Ihnen, wie auf Texel Schafzucht funktioniert [Schapenhouderij De Lindehoeve, Westerweg 32, 1797 RG Den Hoorn, Tel. +31 (0)222-31 29 78, oder Infos im Ecomare, siehe unten].

Malerisch: die alte Kirche im früheren Lotsendorf Den Hoorn

> ### Feriendorf De Krim
>
> *Das Feriendorf De Krim mit unendlich vielen Spielmöglichkeiten für Kinder liegt in De Cocksdorp. Hier lohnt es sich, ein bis zwei Wochen zu bleiben. Die Gäste werden im Bungalow, auf dem Campingplatz oder im Chalet untergebracht. Auf dem Gelände befindet sich ein Schwimmbad, ein überdachtes Spielparadies, eine Bowling- und eine Minigolfbahn und sogar eine Eisbahn, die jeden Tag geöffnet hat.* **De Krim:** *Roggeslootweg 6, 1795 JV De Cocksdorp, Tel. +31 (0)222-39 01 12, www.krim.nl.*

Kinder zwischen 8 und 12 Jahren können an Wanderungen und Exkursionen teilnehmen, bei denen sie verschiedene Aufträge ausführen müssen. Dazu gibt's passendes Equipment.

Gerettet: Seehunde

Nach dem kleinen Stopp geht es über den Smitsweg immer weiter Richtung Nordwesten, bis Sie den Randweg am Nationalpark Duine van Texel erreichen. Kurze Zeit später biegen Sie links ab zum **Ecomare**, ein absolutes Muss für jeden Inselbesucher (siehe S. 87). Die Strecke bis zum Ecomare ist gut ausgeschildert. Besonders Kindern gefällt die erste niederländische Seehundaufzuchtstation mit einer festen Seehundgruppe. Durch den 70 Hektar großen Dünenpark führen drei Wanderwege, wer will, empfängt über GPS Informationen über den

Die Seehunde im Ecomare werden jeden Tag um 11 und 15 Uhr gefüttert

Park, die der jeweiligen Saison angepasst sind. Sehr spannend ist ein Besuch der Vogelpflegestation, die sich vornehmlich um Ölpest-Opfer kümmert. Des Weiteren gibt es ein Museum und einen aufregenden unterirdischen Wassersaal, von dem aus man die Seehunde unter Wasser beobachten kann und in einigen Aquarien Einblicke in die Unterwasserwelt der Nordsee bekommt. Nicht verpassen: Um 11 und 15 Uhr werden jeden Tag die Seehunde gefüttert [Ecomare, Ruijslaan 92, 1796 AZ De Koog, Tel. +31 (0)222-31 77 41, www.ecomare.nl. Tägl. 9-17 Uhr. Erw. € 9,75, Kinder € 6,50]. Wer jetzt schon müde ist, radelt über den Pontweg die gut elf Kilometer zurück nach 't Horntje.

Der älteste Kräutergarten

Vom Ecomare führt eine knapp zwei Kilometer lange Strecke bis ins Zentrum von **De Koog**. Der Badeort Nummer eins auf Texel steht für Strandleben pur: Geschäfte, Restaurants, Cafés und Snackbars erfreuen müde Radler, die eine kleine Rast brauchen. Empfehlenswert für Familien ist **Restaurant und Pizzeria**

Italia [Dorpsstraat 11, 1796 BA De Koog, Tel. +31 (0)222-31 75 74]. Dazu gehört auch eine Eisdiele. Nach der kleinen Verschnaufpause haben Sie die Wahl: Sie können über De Waal oder Den Burg in Richtung Fähranleger zurückfahren. Wenn Sie sich für die zweite, etwas kürzere Version entschieden haben, fahren Sie über den Pontweg (gut 5 km) nach **Den Burg.** Die alte Festungsstadt ist Sitz der Verwaltung der Insel. Das älteste Gebäude steht an der Kogerstraat Nummer 1. Im früheren, aus dem Jahr 1599 stammenden Armenhaus, ist heute das **Heimatmuseum** untergebracht [Oudheidkamer, Kogerstraat 1, 1791 EN Den Burg, Tel. + 31 (0)222-31 31 35, www.oudheidkamertexel.nl. April-Okt Mo-Fr 11-17, Sa/So 14-16 Uhr. Erw € 3,25, Kinder (4-13 J.) € 1,50]. Hinter dem Häuschen befindet sich der älteste zugängliche Kräutergarten der Niederlande.

Die größte „Stadt" der Niederlande

Zwischen **Den Burg** und **Oudeschild** liegt der sogenannte Hoge Berg. Der

Im Hafen in Oudeschild starten Boote zu den Seehundbänken

„Hohe Berg" ist gerade einmal 15 Meter hoch und damit die höchste Erhebung der Insel. Von hier aus hat man einen schönen Blick über Texel. Vielleicht beeindruckt die Höhe der höchsten Erhebung von Texel nicht, aber weil die Insel als Ganzes seit 1415 das Stadtrecht besitzt, ist Texel (wegen der Ausdehnung von 585 Quadratkilometern) die größte Stadt der Niederlande.

Tour durch die Geschichte

Wenn Sie von De Koog über **De Waal** und **Oudeschild** radeln wollen, nutzen Sie die Straße Pijpersdijk, die nach einigen Hundert Metern links vom Pontweg abbiegt und später De Staart heißt. Zentral in De Waal steht die Kirche, die während des Zweiten Weltkriegs beim Aufstand der Georgier, zwangsverpflichtete Fremdarbeiter, verwüstet wurde. Das Georgier-Bataillon erhob sich in der Nacht vom 5. auf den 6. April 1945 gegen die deutschen Besatzer. Der Krieg war auf Texel so erst am 20. Mai 1945 beendet, nicht am 8. Mai. Weiter geht's dann über den Laagwaalderweg (5 km) nach

Oudeschild, die Hafenstadt von Texel. Auf der Reede vor Texel lagen Ende des 16. und im 17. Jahrhundert die Amsterdamer Handelsschiffe, die im Namen der Niederlande die indonesische Inselwelt als Kolonie eroberten. Der aus dem Jahr 1780 stammende Hafen ist heute Liegeplatz für die 35 Kutter starke Fischfangflotte und für die Boote der Freizeitkapitäne. Die **TX 10 Emmie** startet zu Seehundtouren und Krabbenfahrten [De Loodssingel 42, 1792 BH Oudeschild, Tel. +31 (0)222-31 36 39, Reservierung unter +31 (0)6-51 49 86 14, www.garnalenvissen.nl. Zwei-Stunden-Tour, Abfahrtszeiten Mo-Sa 10.30 und 14 Uhr. Erw. € 10, Kinder (bis 9 J.) € 9]. Von hier aus sind es mit dem Rad über Bolwerk, Redoute und Pontweg rund 7,5 Kilometer bis zum **Fähranleger 't Horntje**.

Das größte Strandräubermuseum der Niederlande

Die Niederlande hat viele Strandräubermuseen. Das von Oudeschild auf Texel ist das größte – und herrlich rumpeligste. Eine wahre Freude ist es, hier zu stöbern. Manch einer hat schon viele Stunden damit zugebracht. Und wer dann noch nicht genug hat, geht selbst auf Strandräuberschaft. **Maritiem- und Juttersmuseum:** *Barentsz-straat 21, 1792 AD Oudeschild, Tel. +31 (0)222-31 49 56, www. texelsmaritiem.nl. Di-Sa 10-17, So 12-17 Uhr (Juli/Aug tägl. 10-17 Uhr). Erw. € 6,50, Kinder (bis 14 J.) € 5.*

Tour 5: IJsselmeer – Zeitreise an der Zuiderzee

Hoorn • Medemblik • Enkhuizen

Wo: im Nordosten der Provinz Noord-Holland – Wie: Anfahrt mit dem Auto, dann historische Dampfkleinbahn, Schiff und moderne Eisenbahn –

Dauer: Tagesausflug – Nicht vergessen: Verpflegung, Kinderlektüre

Der Nordosten der Provinz Noord-Holland hat eine reiche Vergangenheit, von der man überall noch Zeugnisse sehen kann: Am IJsselmeer findet man zahlreiche historische Gebäude und malerische Giebelhäuser. Diese stammen noch aus der Blütezeit im 17. Jahrhundert, als die Vereenigde Oostindische Compagnie (VOC) durch den Handel mit Gewürzen, Porzellan, Kaffee, Tee und Seide der Region zu Reichtum verhalf (siehe S. 122). Auf dem Land entdeckt man malerische Dörfchen, Bauernhöfe und Mühlen, die die alte Zeit widerspiegeln. In dieser Kulisse machen wir eine Reise in die Zeit, als das IJsselmeer noch die Zuiderzee war (siehe Kasten) – mit der Bahn, dem Schiff und zu Fuß.

Mit der Dampfbahn

Startpunkt ist **Hoorn**, beim **Dampfkleinbahnmuseum** (A7, Ausfahrt 8 Ri. Hoorn, Beschilderung „Transferium"). Stellen Sie das Auto auf dem Parkplatz

Ein See wird ein Meer wird ein See

*Die **Zuiderzee**, im Gegensatz zur Nordsee „Südliche See" genannt, war bis 700 v. Chr. eine morastige, großflächige Wasserlandschaft. Bei Sturmfluten drang Wasser in das niedrig gelegene Land ein, auf seinem Rückweg spülte es die Moorlandschaft aus. Durch die Erosion und den Zufluss einiger Flüsse und Bäche entstand ein Geflecht von Seen, welches die Friesen „Zuiderzee" nannten. Im 12. und 13. Jahrhundert brachen durch mehrere große Sturmfluten die natürlich entstandenen Sanddeiche und die Zuiderzee wurde zur Meeresbucht. Der Ursprung des **IJsselmeers** kann genau datiert werden: Am 28. Mai 1932 um kurz nach 13 Uhr wurde das letzte Deichtor geschlossen und die Zuiderzee wieder zum Binnengewässer, jetzt IJsselmeer genannt (der Name stammt vom größten Zulauffluss, der IJssel). Später wurden Teile als fruchtbare Polder trockengelegt. Seitdem hat das Gebiet sich zu einem Blumenzwiebelmekka entwickelt.*

beim Hauptbahnhof ab (Tagesparkkarte € 2). Wenn Sie vorher noch die **Museumswerkstatt** samt alten Lokomotiven und Wagen anschauen möchten, planen Sie etwas mehr Zeit ein und kommen Sie etwas früher. Am **Museumsbahnhof** [Van Dedemstraat 8, Transferium, 1624 NN Hoorn, Tel. +31 (0)229-21 48 62, www.museumstoomtram.nl. März-Dez meist um 11 Uhr Abfahrt. Bahn- und Bootsfahrt ohne Rückfahrt oder nur Bahnfahrt Erw. € 19,40, Kinder (4-12 J.) € 14,40, Familientagesticket € 60. Museumswerkstatt: tägl. 9.45-19 Uhr (an einigen Tagen im Juli u. Aug nur bis 16 Uhr). Preis im Tagesticket inbegriffen, sonst Erw. € 2,10, Kinder (4-12 J.) € 1,50] können Sie in die historische **Museumsdampfkleinbahn** einsteigen. Schon beim Betreten des kleinen Bahnhofgebäudes

wähnen Sie sich in alten Zeiten. Im alten Warteraum hängen eine nostalgische Bahnhofsuhr und Bilder von verschiedenen historischen Dampfeisenbahnen. Dort trifft man einen Bahnhofsvorsteher im Outfit von anno dazumal und echte Gepäckträger bemühen sich um die Koffer. Im Hintergrund zischt es, denn die Bahnarbeiter sind dabei, die Lokomotive fahrbereit zu machen. Aus den Röhren der Lok sieht man bereits den Dampf aufsteigen. Ihre Kinder werden sich sicher an den Hogwarts-Express aus den Harry-Potter-Büchern erinnern. Nachdem Sie sich die Tickets – natürlich in nostalgischer Ausführung – besorgt haben, können Sie ein wenig rumlaufen, um die ausgestellten Lokomotiven und Wagen zu besichtigen und den Handwerkern in der Werkstatt zuzuschauen.

Die Dampfkleinbahn erinnert doch stark an den Hogwarts-Express

Durch Tulpenfelder hindurch

Jetzt wird es Zeit, sich zum Gleis zu begeben. Steigen Sie ein und nehmen Sie Platz in den herrlich plüschigen Sesseln. Der Heizer schaufelt Kohle aufs Feuer, und noch mehr zischender Dampf entweicht. Langsam kommt der Zug in Bewegung. Über die mehr als hundert Jahre alte Bahnstrecke geht es dann in etwa einer Stunde durch das Blumenzwiebelanbaugebiet nach Medemblik. Während die typische noord-holländische Landschaft an Ihnen vorüberzieht, kommt der Schaffner zu Ihnen. Er knipst mit Originalzange das Fahrticket und verteilt Bilder zum Ausmalen an die Kinder. Man kann auch Ansichtskarten kaufen und diese später in Medemblik selbst abstempeln. Schon hungrig? Beim Ober gibt es Poffertjes, Kakao und Kaffee. Der erste Stopp ist Wognum. Hier kann man aussteigen, sich die Beine vertreten und bei Bedarf zur Toilette gehen. Im weiteren Verlauf der Reise, vorbei an großen, westfriesischen Bauernhöfen, wird auch kurz an den Bahnhöfchen der Dörfer Twisk und Opperdoes gehalten. Noord-Holland ist der wichtigste Blumenproduzent der Niederlande. Mehr als 50 Prozent der niederländischen Blumenzwiebeln werden innerhalb der Provinz angebaut. Insbesondere entlang der Küste, auf der Insel Texel und im Nordosten (Westfriesland genannt) sind die größten Anbauflächen zu finden. Schon im Winter wachsen dank der Gewächshäuser die ersten Tulpen. Im Frühling (März bis Mai) hüllen Narzissen, Hyazinthen und Tulpen (siehe Kasten S. 8) die Felder in schönste Farben. Im Sommer sind es Lilien, Orchideen, Gladiolen und Sonnenblumen. Es gibt in dieser Gegend

Ab Medemblik geht es mit der MS Friesland weiter

viele Blumenausstellungen, Festumzüge (Korso) und Blumenevents. Die schönsten sind das Holland Flowers Festival (Ende Februar) in Bovenkarspel, der Blumenkorso von Winkel und die Floralia in Nieuwe Niedorp im September. Im April ist das Highlight der große Blumenkorso auf der Strecke Noordwijk–Lisse–Haarlem (40 Kilometer lang mit Tausenden von Zuschauern).

Alle an Bord!

In **Medemblik** angekommen, wird wie in alten Zeiten auf ein Boot umgestiegen [Dam 2, 1671 AW Medemblik, Tel +31 (0)227-54 41 13]. Bis zum Ablegen haben Sie jetzt etwa eine Stunde Zeit und können sich in dem Örtchen, das einst eine blühende Hansestadt war, etwas umsehen. Ein Tipp für Familien ist das **Bäckereimuseum** (siehe Kasten S. 56). Beachten Sie, dass Sie nicht endlos viel Zeit haben. Denn weiter geht es pünktlich mit der „MS Friesland". Die 52 Meter lange Fähre aus dem Jahr 1956 ist mehr als 35 Jahre lang zwischen Harlingen und Terschelling gefahren. Jetzt tuckert sie gemütlich an der Küste des IJsselmeers entlang und erreicht in rund 75 Minuten Enkhuizen.

Wie zu Uromas Zeiten

Die „MS Friesland" legt direkt beim Zuiderzeemuseum am östlichsten Punkt Noord-Hollands in **Enkhuizen** an. Einst war der Ort eine reiche Hafenstadt, wo besonders der Heringsfang florierte und die Vereenigde Oostindische Compagnie (VOC) ihren Handel trieb. Ein Besuch im **Zuiderzeemuseum** lässt diese Zeiten wieder aufleben. Und zwar nicht nur die von Enkhuizen, sondern von mehr als 30 anderen Dörfern rund um die ehemalige Zuiderzee [Wierdijk 12-22, 1601 LA Enkhuizen, Tel. +31 (0)228-35 11 11, www. zuiderzeemuseum.nl. Tägl. 10-17, Freilichtmuseum März-Okt. Erw. € 14, Kinder (4-12 J.) € 8,40].

Das Museum besteht aus einem „überdachten" und einem Freilichtmuseum. In Ersterem, das sich in mehreren, miteinander verbundenen VOC-Gebäuden aus dem 17. Jahrhundert befindet, werden Ausstellungen über die Fischerei, den Walfang, die Seefahrt und die Polder gezeigt. In der Schiffshalle kann man Originalschiffe sehen, die einst die Zuiderzee befahren haben, z. B. Segelschiffe, Fischerboote, Transportschiffe und IJsvlets, die über das Eis gezogen wurden. Es gibt auch einen Pfefferspeicher, wo Besucher Gewürze anschauen und riechen können.

Zeitreise mit allen Sinnen

Im Gelände wird das Alltagsleben der Handwerker und Fischer des früheren Zuiderzeegebiets von 1880 bis 1932 dokumentiert. Mehr als 135 Gebäude aus zahlreichen Dörfern der Region wurden hier originalgetreu wieder aufgebaut und in historischem Stil eingerichtet. Wenn Sie durch die Sträßchen und Gassen

---

Das leckerste Museum

Im Bäckereimuseum von Medemblik geht die Zeitreise weiter. Hier wird noch auf altertümliche Weise gebacken. Die Bäcker erklären die Maschinen und Utensilien aus vergangenen Zeiten und führen ihre Künste mit Zucker, Marzipan und Schokolade vor. Kinder dürfen am Wochenende und in den Ferien auch selbst mitbacken und danach die leckeren Kreationen aufessen. **De Oude Bakkerij:** *Nieuwstraat 8, 1671 BD Medemblik, Tel. +31 (0)227-54 50 14, www.deoude bakkerij.nl. Juli/Aug tägl. 11-17, Sep-Juni Di-So 12-17 Uhr. Erw. € 5,50, Kinder (bis 12 J.) € 3,50.*

---

dieses Zuiderzeestädchens schlendern, werden Sie in alte Zeiten zurückversetzt: Werkstätten, Geschäfte, Gärten und Möbel wurden liebevoll bis ins Detail arrangiert. Für Kinder sind besonders die Dorfschule, das Krämerlädchen, die Metzgerei, die Apotheke, die Kirche, die Mühle und der Hafen interessant. Hier riechen Sie den Duft von Teer, geräuchertem Fisch und Torföfchen. In der Wäscherei, den Bootshäusern, der Korbflechterei und anderen Werkstätten können Sie Böttchern, Seilern, Segelmachern und anderen Handwerkern bei der Arbeit zuschauen. Besonders für Kinder werden viele Veranstaltungen angeboten. Sie lernen auf der speziellen Kinderinsel den Alltag der Kinder um 1930 kennen. Dazu gehören natürlich auch die alten

Spielzeuge: Kegeln, Kreisel, Reifen, Stelzen und Steckenpferdchen. Die Kleinen stellen aus Hanf ihre eigenen Springseile her. Spaß bringt es auch, sich in Trachtenkostüme zu hüllen oder Bötchen aus Holzschuhen zu bauen.

Nostalgie für Schleckermäuler

Im kleinen Süßwarengeschäft gibt es traditionelles Zuckerwerk, Süßholz und Lakritz. Beim Bäcker sind Brötchen, Kekse und Kuchen in der Vitrine ausgestellt, welche man hinten im Salon genießen kann. Natürlich fehlt auch der Käseladen mit allerlei holländischen Käsesorten nicht. Und es gibt auch Fisch: frisch geräucherten, noch warmen Aal oder Bückling. Besonders Kinder sind fasziniert von den vielen Tieren auf dem Gelände. In den Kanälen schwimmen Enten und Karpfen, in den Ställen stehen Schafe, Ziegen, Kühe, Schweine,

Hühner und Kaninchen. Einige dürfen sogar gestreichelt werden. Besucher können sich auch jederzeit in dem zum Freilichtmuseum gehörenden Naturgebiet aufhalten. Wenn der Tag dann zur Neige geht und das Museum seine Türen schließt, laufen Sie vom Museum in etwa einer Viertelstunde zum **Bahnhof Enkhuizen** [NS Station, Stationsplein 2, 1602 EN Enkhuizen. Einzelfahrt Enkhuizen–Hoorn Erw. € 3,50, Kinder (4-11 J.) € 2]. Dazu gehen Sie auf dem Wierdijk Richtung Loggersteeg, beim Bocht rechts über die Brücke, halten sich links, bei Zuiderspui links über die Brücke zum Paktuinen, dann links in die Brugstraat und rechts in den Havenweg, der in den Stationsweg übergeht und dann links auf den Stationsplein führt. In der modernen Bahn auf dem Weg nach **Hoorn** haben Sie ca. 20 Minuten Zeit, langsam wieder zurück in die Gegenwart zu kommen.

Im Zuiderzeemuseum werden Sie in die alten Zeiten zurückversetzt

Tour 6: Auf Napoleons Spuren

Den Helder • Julianadorp aan Zee • Schagen • Broek in Waterland

Wo: Vom Kopf von Noord-Holland bis ins Waterland
Wie: mit dem Auto – Dauer: Halbtagestour (nur Den Helder und Julianadorp aan Zee) oder Tagestour – Nicht vergessen: Fernglas und Sonnenschutz

Der Kopf von Noord-Holland erstreckt sich eigentlich nur von Den Helder im äußersten Norden bis nach Petten. Die Region ist vor allem wegen ihrer endlosen Blumenfelder im Frühjahr bekannt, denn unmittelbar hinter dem Dünengürtel befindet sich das größte zusammenhängende Blumenzwiebelanbaugebiet Europas. Die gesamte Anbaufläche beträgt 1.168.564 Hektar (ungefähr 30.000 Fußballfelder). Ende März bis Mitte Mai erblühen Tulpen, Hyazinthen und Narzissen in voller Pracht. Falls Sie im Juli oder August diese Tour unternehmen, sollten Sie sie auf einen Donnerstag legen, um den traditionellen Markt in Schagen nicht zu verpassen. Nach rund der Hälfte der Route verlassen Sie den Kopf von Noord-Holland und fahren bis ins Waterland, durch das man mit einem

![In Edam gibt es noch viele schöne Gebäude aus dem 17. Jahrhundert]

In Edam gibt es noch viele schöne Gebäude aus dem 17. Jahrhundert

Walfänger in Den Helder

Den Helder war bis Ende des 18. Jahrhunderts ein Fischerdorf, in dem viele Walfangkapitäne lebten. Im Aquarium in Fort Kijkduin (siehe S. 60) finden Sie eine Ausstellung über die Geschichte des niederländischen Walfangs nebst dem Skelett eines an der Nordseeküste gestrandeten Wals. Noch heute werden manchmal Wale vor Texel gesichtet: 2007 schwamm sogar ein Buckelwal vor der Küste auf und ab.

Flüsterboot fahren kann. Was das ist? Lassen Sie sich überraschen!

Schiffe, Schiffe, Schiffe

Los geht es in **Den Helder**. Die Stadt wird an drei Seiten von Wasser umgeben: auf der einen Seite die offene Nordsee, auf der anderen die Waddenzee und mittendrin den zwischen Den Helder und Texel gelegenen Marsdiep.

Neben den zahlreichen Shoppingmöglichkeiten bestimmen vor allem die Königliche Marine und die zahlreichen Wassersportler, die einen der fünf Häfen anlaufen, das Bild der Stadt. Das Herz des Hafengebiets bildet die von Napoleon errichtete Oude Rijkswerf „Willemsoord" mit den ältesten Trockendocks der Welt. Der kleine französische Kaiser (Napoleon war nur 1,67 m groß, was damals aber eher durchschnittlich war) hat das Stadtbild bestimmend geprägt. Wegen der strategischen Bedeutung des „Gibraltar des Nordens" ließ er die Stadt mit Basti-

onen und Wallanlagen zur Festungsstadt ausbauen. Wer mehr über die Geschichte der Seeschifffahrt erfahren möchte, sollte das ebenfalls am Hafen gelegene **Marinemuseum** besuchen. Hier kann man sogar in ein echtes Unterseeboot – die „Tonijn" – hinabsteigen oder das Minensuchboot „Abraham Crijnssen" bestaunen. Auf einem der Schiffe (der „Schorpioen" aus dem Jahre 1868) befindet sich ein Restaurant, in dem Sie eine Stärkung zu sich nehmen können. Es werden auch spezielle Museumsführer für die jungen Besucher auf Deutsch angeboten (je € 1): Kinder zwischen sechs und acht Jahren gehen auf „Seeheldensuche", und für Neun- bis Zwölfjährige gibt es den Streifzug „Mission Marinemuseum" [Marinemuseum, Hoofdgracht 3, 1781 AA Den Helder, Tel. +31 (0)223-65 75 34, www.marinemuseum.nl. Mo-Fr 10-17, Sa/So/feiertags 12-17 Uhr, Nov-April Mo geschlossen. Erw. € 6, Kinder (5-15 J.) € 3]. Noch ein Tipp: Wenn Sie im Juli in Den Helder sind, sollten Sie nicht die Veranstaltungen zu den **Marinedagen** verpassen (siehe S. 116). Dann gibt es ein buntes Programm am Hafen – u. a. wird die „Schlacht am Marsdiep" nachgestellt [Infos: VVV Den Helder, Bernhardplein 14, 1781 HH Den Helder, Tel. +31 (0)223-62 55 44, www.vvvdenhelder.nl. Mo 10.30-17.30, Di-Sa 9.30-17.30 Uhr]. Nach dem Museum, an dem Sie am besten auch Ihr Auto parken, wandern Sie ein bisschen am Hafen entlang und schauen sich den Passantenhafen an. Zur Eröffnung im August 2008 lag hier ein großer Teil der Windjammer, die an den Tall Ships' Races teilgenommen hatten. Jetzt schaukeln hier Hunderte Segelboote und Motorjachten nebeneinander auf und ab.

Paradies für Mädchen

Drei Etagen voller Nostalgie! Selten entwickelte sich ein Hobby zu einem so mit Liebe eingerichteten und international anerkannten Puppen- und Spielzeugmuseum. Tiny Riermersmas Leidenschaft, Käthe-Kruse-Puppen zu sammeln, war Grundstock für dieses Museum. Bislang sind ca. 550 Puppen zusammengekommen – das älteste Exemplar stammt aus dem Jahr 1911. Die Tochter von Käthe Kruse eröffnete am 26. März 1988 persönlich das ihrer Mutter gewidmete Museum. **Käthe Kruse Poppen- en Speelgoedmuseum:** *Binnenhaven 25, 1781 BK Den Helder, Tel. +31 (0)223-61 67 04, www.kathekruse poppenmuseum.nl. Jan/Feb nach Absprache (mind. 4 Pers.), März-Dez Do-Sa 14-17, So-Mi nur nach Absprache (mind. 4 Pers.), Juli/Aug auch Di. Erw. € 3,50 Kinder (bis 11 J.) € 1,75.*

Hinter Festungsmauern

Wieder zurück am Auto, fahren Sie knapp zehn Minuten bis zum **Fort Kijkduin** (immer am Marsdiep entlang Richtung Molenplein auf den Kanaalweg, der zur Theodorus Rijkersstraat wird, weiter auf der Schapendijkje, dem Zeeweg und an dessen Ende links auf den Admiraal Verhuellplein). In dieser restaurierten Bastion der napoleonischen Festungsanlage lassen sich heute noch unterirdische Gänge und Bunkeranlagen besichtigen [Admiraal Verhuellplein 1, 1783 AX Den Helder, Tel. +31 (0)223-61 23 66, www.fortkijkduin.nl. Sommer tägl. 10-18, Winter 11-17 Uhr. Eintritt inkl. Aquarium und Führung Erw. € 8, Kinder (4-12 J.) € 5,50]. Nicht verpassen sollten Sie eine der Führungen um 11, 13 oder 15 Uhr (im Winter nur 13 Uhr), die Sie hinter die dicken Mauern schauen lassen. In der sogenannten Reduit, dem Kern der Festung, der zum Rückzug für die Besatzung diente, falls der Verteidigungswall vom Feind überwunden wurde, ist heute u. a. ein Restaurant untergebracht. Mit dem Fahrstuhl geht es hoch in die Gewölbe, wo neben dem Museum, das die Geschichte des Forts porträtiert, auch ein Aquarium untergebracht ist. In einem 15 Meter langen Glastunnel (sogar unter den Füßen ist Glas und darunter noch ein Meter Wasser) laufen Sie zwischen den Fischen der Nordsee inklusive einiger Haie hindurch. Für Kinder sind die „Anfassbecken" eine kleine Mutprobe: Steinbutt, Anemonen, Seesterne und Rochen dürfen gestreichelt werden. Wie rau doch ein Seestern ist und wie glatt ein Tiefseehummer!

Aber auch das Museum ist durchaus für Kinder spannend: Neben einem nachgebauten Strafgerichtshof können u. a. der Pulverraum, in dem einst mehr als 6.000 Kilogramm Schießpulver lagerten, die Waffenkammer (eine der Kanonen wird heute noch gern bei Hochzeiten, die hier oft stattfinden, abgefeuert), unterirdische Gänge und das Gefängnis besichtigt werden. Nachdem Sie den Blick von der großen Kuppel aus über die Dünen, die Nordsee, die Insel Texel und eine der größten Sandbänke Europas, De Razende Bol, genossen haben, geht es wieder zurück zum Auto. Jetzt winken Sonne und Badevergnügen.

Badepause in Julianadorp

Mit dem Auto sind es nur gut zehn Minuten bis **Julianadorp aan Zee** – einem der schönsten Strände der Niederlande (siehe S. 21). Hier packen Sie für eine Weile die Badesachen aus und essen eine Kleinigkeit im Strandpavillon. Wenn Sie danach noch Lust haben, weiterzufahren, dann können Sie auf dem Weg nach Waterland auch noch einen Abstecher in das knapp 18 Kilometer entfernte Schagen machen. Dazu fahren Sie über die N 502/ Zanddijk bis Groote Keeten, dort links in den Helmweg Richtung Het Zand, dort rechts in den Parallelweg und die nächste links in den Provincialeweg/N 248 bis **Schagen**.

Folklore und Geschichte

Die Stadt, geografischer Mittelpunkt Noord-Hollands, wartet rund um den Marktplatz mit einer Reihe schöner alter Häuser aus dem 17. und 18 Jahrhundert und einer Schlossruine auf. Schagen ist vor allem bekannt wegen seines traditionellen **Westfriesischen Markts** jeden Donnerstag im Juli und August. Dann finden touristische Veranstaltungen mit viel Folklore, antiken Pferdewagen, Festumzügen, Musik, Volkstanz und Trachten statt [Infos: VVV Schagen, Slotplein 5, 1741 CA Schagen, Tel. +31 (0)224-29 83 11, www.vvvschagen.nl. Mo 13-16, Di-Fr 10-13 (Mai-Juli bis 15, Juli/Aug bis 16), Sa 12-14 (Mai-Sep 10-14) Uhr]. Aber halten Sie sich nicht zu lange in Schagen auf, denn Sie wollen ja noch wissen, was ein Flüsterboot ist.

Mit einem Flüsterboot bieten sich seltene Einblicke in die Natur

Lautlos über das Wasser

Eine knappe Stunde dauert die Fahrt über Hoorn (siehe S. 53) und Edam bis ins **Waterland** (siehe Kasten). Diese offene Moorwiesenlandschaft mit historischen Dörfern und Städten ist ideal für Ausflüge mit dem Boot, Kanu oder dem Fahrrad. Fast die Hälfte der Gesamtfläche von Waterland besteht aus – natürlich Wasser (rund 5.000 Hektar). **Broek in Waterland**, ein Schifferdorf aus dem 16. Jahrhundert, ist zu einem großen Teil denkmalgeschützt. Es hat den Ruf, die gepflegteste Ortschaft Hollands zu sein, Victor Hugo und Sir Walter Scott gehörten zu den begeisterten Besuchern. Am besten machen Sie einen Rundgang durch das Dorf und schauen sich die größtenteils aus Holz errichteten Häuser aus dem 17., 18. und 19. Jahrhundert an. Im 17. Jahrhundert entwickelte sich der Ort zu einem der ersten Pendlerdörfer Westeuropas. Reiche Reeder und Kapitäne siedelten von Amsterdam hierher um. Ausländische Besucher u. a. aus Frankreich berichteten damals von dem großen Reichtum in Broek in Waterland. Am besten lässt sich die unter Naturschutz stehende Landschaft mit einem **Flüsterboot** erkunden. Diese Kähne werden mit einem geräuschlosen Elektroantrieb betrieben und können bis zu acht Stunden durch das Moor fahren. Dadurch, dass das Boot so wenig Geräusche macht, kommen Sie – vorausgesetzt auch Ihre Kinder flüstern – ganz nah an die tierischen Moorbewohner heran [Waterland Recreatie BV, Drs. J. van Disweg 4, 1151 DA Broek in Waterland, Tel. +31 (0)20-403 32 09, www. fluisterbootvaren.nl. Max. 5 Pers., mind. 2 Std., pro Stunde ab € 17,50, Kaution

€ 50]. In den kleinen Wassergräben, dem wiegenden Schilfgürtel, den stillen Seen und den Ringkanälen mit Zugbrücken wimmelt es nur so von prachtvollen Vögeln wie dem Löffelreiher, der Uferschnepfe, der Weihe oder dem Kiebitz. Den Tag beenden Sie am besten in einem der wunderschönen alten Häuschen in Broek aus dem 16. Jahrhundert: Das gemütliche **Pannenkoekenhuis De Witte Swaen** bietet ca. 60 lecker Pfannkuchenvariationen an. Da ist für jeden etwas dabei [Dorpsstraat 11-13, 1151 AC Broek in Waterland, Tel. +31 (0)20-403 15 25, www. dewitteswaen.nl. Tägl. 12-21 Uhr].

Das Waterland

*Die Gegend ist so einzigartig in den Niederlanden, dass sie zur **Nationalen Landschaft** ausgerufen wurde. Gründe hierfür waren sowohl die kulturhistorischen, natürlichen sowie landschaftlichen Qualitäten der Region. Das Waterland heißt Radfahrer, Wanderer sowie Wassersportler willkommen. Ob segeln auf dem Marker- oder IJsselmeer, Motorboot fahren oder einfach nur am Ufer sitzen – Wasser ist allgegenwärtig. Oder entdecken Sie die Geheimnisse der Grote Kerk in Monnickendam, die schmalste Dorfstraße der Niederlande im Ort Watergang – oder die auf Pfählen gebauten Häuser auf der Insel Marken. Informationen zur Region auf www.noord-holland.com.*

Tour 7: Käse, Kunst und Dünenspaß

Alkmaar • Bergen • Schoorl

Wo: in der Provinz Noord-Holland – Wie: mit dem Auto, zu Fuß – Dauer: Tagesausflug – Nicht vergessen: Verpflegung, feste Wanderschuhe für die Dünen, eventuell Badesachen

Die historische Vergangenheit Alkmaars ist deutlich sichtbar an den Giebelhäusern, den Grachten mit ihren Zugbrücken und weiteren historischen Gebäuden, wie der denkmalgeschützten Stadtwaage (14. Jh.), dem Rathaus (16. Jh.) oder der St. Laurenskirche (15. Jh.). Alkmaar ist vor allem bekannt für seinen Käsemarkt – eine der bekanntesten Touristenattraktionen der Niederlande. Und genau den werden Sie auf dieser Tour besichtigen. Planen Sie deshalb die Tagestour an einem Freitag, denn nur dann ist Käsemarkt. Sorgen Sie dafür, dass Sie spätestens um 9.45 Uhr am zentralen Marktplatz sind. Wenn Sie in der vordersten Reihe stehen möchten, sollten Sie schon um 9 Uhr da sein. Nach dem Markt können Sie sich im Käsemuseum umschauen. Dann geht es nach Bergen, in ein Künstlerdorf mit reetgedeckten Villen und breiten Alleen. Abschließend fahren Sie zum nahe gelegenen Schoorl, zu den höchsten und längsten bewaldeten Dünen der Niederlande.

Die Käseträger haben schwere Lasten zu heben: bis zu 130 Kilogramm

Alkmaar: Alles Käse

Am besten kommen Sie zum Käsemarkt nicht mit dem Auto ins Zentrum von **Alkmaar**, sondern parken in einem der Parkhäuser oder auf einem der Parkplätze nahe dem Stadtzentrum (Parkgebühren liegen zwischen € 1 und € 2,60 pro Stunde). Zwischen April und Anfang September findet der traditionelle Käsemarkt jeden Freitag von 10 bis 12.30 Uhr auf dem historischen Marktplatz statt. Er wird hier seit dem 16. Jahrhundert abgehalten. Heute dient das bunte Spektakel vor allem der Unterhaltung der Touristen. Jährlich zieht es mehrere

Käse aus Holland

Bis zum 19. Jahrhundert wurde die Käseherstellung traditionell auf allen Bauernhöfen betrieben. Dann fingen einzelne Bauern an, sich auf die Milchverarbeitung zu spezialisieren, um die Bevölkerung in den Städten beliefern zu können. Die Weiden im Polderland in den Provinzen Noord-Holland, Zuid-Holland und Friesland sind durch das Klima und die Nähe zur Nordsee am besten für die Milchviehhaltung geeignet. Dank des feuchten Bodens haben das Gras und somit auch die Milch eine gute Qualität. Als einer der größten Käseproduzenten Europas stellt Holland heute fast 700.000 Kilogramm pro Jahr her. Exportiert wird in 130 Länder. Deutschland ist dabei der wichtigste Abnehmer, obwohl es mit 1,85 Millionen Kilogramm der größte Käsehersteller Europas ist. Wer sind denn nun die größten Kaasköppe?

Hunderttausend Besucher an. Schon ab 7 Uhr haben die sogenannten Setzer angefangen, den von den Käsefabriken gelieferten Käse in langen Reihen auf dem Platz zu stapeln. Insgesamt sind es um die 2.200 Laibe, mit einem Gesamtgewicht von ca. 30.000 Kilogramm. Kurz vor 10 Uhr werden die Besucher begrüßt und anschließend folgt eine Erklärung in verschiedenen Sprachen – auch in Deutsch – was genau mit dem Käse passiert. Punkt 10 Uhr wird dann der Käsemarkt mit dem Erklingen der Glocke eröffnet. Jetzt fangen die Beschauer und Händler an, den Käse auf Aussehen und Konsistenz zu prüfen. Sie entnehmen mit speziellen Bohrern Proben, an denen gerochen und von denen gekostet wird. Dann wird auf traditionelle Weise über den Preis verhandelt. Nach dem Verkauf per Handschlag wird der Käse von Trägern in weißer Kleidung zum Wiegen ins Waagehaus gebracht, um später wieder hinaus über den Marktplatz zum Lastwagen der Käufer getragen zu werden. Dabei hängt die hölzerne Tragbahre zwischen zwei Trägern. Es können pro Bahre acht Laibe Käse à 13,5 Kilogramm transportiert werden. Die Bahre selbst wiegt etwa 25 Kilo, also haben die Träger ungefähr 130 Kilo zu schleppen. Sie haben dafür einen speziellen „Trippelschritt" damit die Bahre nicht ins Wanken kommt. Um 12.30 Uhr ist der Markt zu Ende. Spätestens dann ist der Platz „käsefrei", und die Stühle der Kneipen und Restaurants können wieder auf die Terrassen gestellt werden.

Im Käsemuseum

Sollte Ihnen der Markt zu lange dauern, können Sie zwischendurch beim **IJssalon de Mient** (Eisdiele) einkehren [Mient 20, 1811 NC Alkmaar, Tel. +31 (0)72-512 59 59, www.ijssalondemient.nl]. Genießen Sie das frisch hergestellte Eis auf der Terrasse mit Aussicht auf die Gracht, die Brücke und den Waagtoren. Besonders das Zimteis müssen Sie probieren! Am Mient nahe dem Vismarkt findet man einige der schönsten Giebelhäuser Alkmaars. Danach geht es weiter mit dem Käsethema im **Holländischen Käsemuseum**, das

ebenfalls am Kanal liegt [Waagplein 2, 1811 JP Alkmaar, Tel. + 31 (0)72-515 55 16, www.kaasmuseum.nl. Ende März-Anfang Nov Mo-Sa 10-16 (Fr ab 9) Uhr. Erw. € 3, Kinder (5-12 J.) € 1,50].
Hier lernen Sie alles über Käse und Molkereiprodukte, deren Herstellung und Handel damals und heute. Es sind auch alte Werkzeuge sowie Film- und Bildmaterial über das Leben auf dem Lande zu sehen. Schön ist auch die Sammlung von Frauenporträts aus dem 16. Jahrhundert mit Trachten aus den verschiedenen Gegenden Nordhollands. Nach so viel Käsespektakel haben Sie bestimmt Hunger bekommen. Vom Waagplein gehen Sie links in die Marktstraat, dann geradeaus weiter und schließlich links in die Gedempte Nieuwesloot. Sehr nett einkehren können Familien hier im **Restaurant de Bios** [Gedempte Nieuwesloot 54a, 1811 KT Alkmaar, Tel. +31 (0)72-512 44 22, www.debios.nl. Di-Sa 12-24, So ab 17 Uhr]. In dem ehemaligen Filmtheater kann man Kleinigkeiten oder leckere Steakgerichte essen. Wenn dann alle satt sind, geht es zurück zum Auto und Richtung Bergen. Verlassen Sie Alkmaar über den Helderseweg bis zur N 9, biegen Sie dann in den Kogendijk links ab, bei Van Blaaderenweg rechts halten, beim Kreisverkehr geradeaus, d. h. die zweite Ausfahrt (Dreef/N 510) nehmen. Dann links in den Natteweg, und rechts in die Dorpsstraat, bis zur Hoflaan, dort nach links.

Montmartre der Niederlande

Die Dörfer Bergen, Bergen aan Zee, Egmond und Schoorl schlossen sich im Jahre 2001 zur Gemeinde Bergen zusammen. Mit den Stränden, Dünen, dem Meer (die Gesamtküstenlänge beträgt 21 Kilometer), den Wäldern und dem Polderland zeigt das Gebiet eine auffallend abwechslungsreiche, schöne Landschaft. Die Dörfer haben alle ihre eigene Identität. So ist z. B. Egmond von der Seefahrt, der Fischerei und dem Blumenzwiebelsektor geprägt, Bergen von Kunst und Kultur und Schoorl verbindet man mit Natur und Erholung. Vor mehr als tausend Jahren wurde der Ort **Bergen** um den Platz, wo heute die Ruinekirche aus dem 15. Jahrhundert steht, errichtet. Das Dorf entwickelte sich jedoch erst, als 1906 das Strandbad Bergen aan Zee fünf Kilometer weiter für reiche Kaufleute gegründet wurde. Auch viele Künstler ließen sich von der umliegenden Landschaft inspirieren. Und so siedelten sich in Bergen viele Maler, Bildhauer, Architekten, Schriftsteller, Dichter und Musiker an. Mit dieser Künstlerkolonie wurde der Ort zu einem künstlerischen Zen-

Bergen ist ein Künstlerdorf und für viele Museen bekannt

trum und bekam den Beinamen „Montmartre der Niederlande". Internationale Bekanntheit errang die Bergener Schule, eine expressionistische Strömung in der Malerei (1915-1935), die das **Museum Kranenburgh** ab 2013 wieder zeigt [Hoflaan 26, 1861 CR Bergen, Tel. +31 (0)72-589 89 27, www.museumkranenburgh.nl]. Dann sind auch wieder Werke von Edgar Fernhout, John Rädecker und Charley Toorop zu bewundern.

Musik und Stille

In Bergen wohnen immer noch viele Künstler, deren Werke in den Galerien, Werkstätten, Museen und dem Künstlerzentrum zu bewundern sind. Es finden regelmäßig Kunstmärkte und andere kulturelle Veranstaltungen statt (z. B. die Holland Music Sessions im Juli/August, die Jazz & Sail Anfang September und die Kunst 10daagse im Oktober). Besonders schön für Kinder: Zu Lichtjesavond am ersten Mittwoch im August wird ganz Bergen mit Kerzen und Lampions beleuchtet. Trotz der vielen Besucher findet man in Bergen aber vor allem eines: Ruhe und Entspannung. Bei einem kurzen Spaziergang zum **Villenpark Meerwijk** bekommt man einen kleinen Eindruck von der wunderschönen Landschaft mit ihren langen und breiten, von Bäumen umsäumten Alleen.

Laufen Sie vom Museum aus über die Hoflaan und biegen Sie rechts in die Maesdammerlaan. Diese gehen Sie bis ans Ende zum Park Meerwijk. Dieser befindet sich zwischen dem Meerweg, dem Lijtweg, der Meerwijklaan und der Studler van Surcklaan, die Sie in dieser Reihenfolge auch ablaufen können. Rund um den Park befinden sich 16 Villen, die im Jahre 1917 von fünf Architekten im Stil der Amsterdamer Schule entworfen wurden. Die denkmalgeschützten Villen mit reetgedeckten Dächern erinnern in ihrer Form manchmal an Boote. Am Ende drehen Sie in der Studler van Surcklaan wieder um und gehen in umgekehrter Richtung weiter bis zur Ruinelaan. Laufen Sie diese ganz durch bis zur Raadhuisstraat, wo sich die Ruinekirche befindet.

Um das Gotteshaus herum stehen einige reizvolle Häuser u. a. das Museum Het Sterkenhuis und direkt daneben ein Kunsthandel. Wenn Sie jetzt durstig oder hungrig geworden sind, sollten Sie von der Raadhuisstraat rechts in den Oude Prinsweg Nr. 9 zum **Fabel's** gehen [Oude Prinsweg 9, 1861 CS Bergen, Tel. +31 (0)72-581 40 03, www.fabels-bergen. nl. Tägl. 9.30-1.45, Küche 10.30-22.30 Uhr]. In dieser kinderfreundlichen Restaurant-Cafeteria mit Terrasse, Garten und Spielhütte für die Kleinen gibt es neben Kindermenüs auch Spiel- und Malsachen. Nach der kleinen Stärkung führt der Weg weiter Richtung Kerkepad. Sie biegen dann in die Hoflaan und laufen weiter geradeaus. Jetzt sind Sie wieder beim Parkplatz und fahren in Richtung Schoorl. Von der Hoflaan geht es Richtung Komlaan (N 510) und dort rechts ab. Im Kreisverkehr nehmen Sie die zweite Ausfahrt rechts (Guurtjeslaan). Mit einer scharfen Linkskurve geht es in die Breelaan, später rechts in den Duinweg. Halten Sie sich links, um auf dem Duinweg zu bleiben. Fahren Sie den Duinweg ganz bis zum Ende, dann biegen Sie beim Laanweg nach rechts ab und danach links zum Paardenmarkt und dem Parkplatz.

Die höchste Düne des Landes

Schoorl liegt am Rande des Nationalparks De Schoorlse Duinen, einem ausgedehnten, 1.800 Hektar großen Dünengebiet. Es ist eines der abwechslungsreichsten Naturgebiete der ganzen niederländischen Küste. Man findet dort Laub- und Nadelwälder, hohe Sanddünen, Heideflächen, kleine Strandseen oder Dünenbächlein. Hier leben verschiedene Vogelarten, Schmetterlinge, Kaninchen, Eichhörnchen und Eidechsen. Den Nationalpark durchziehen Rad-, Reit- und Wanderwege. Das Gebiet hat die schönsten und breitesten Dünen der Niederlande und mit 54 Metern auch die Höchste. An manchen Stellen sind die Hügel bis zu fünf Kilometer breit. Der bekannteste Teil der Schoorlser Dünen ist die **Klimduin** mit 51 Metern Höhe im Zentrum von Schoorl.

Speziell Kindern, aber auch Erwachsenen macht es folgendermaßen am meisten Spaß: Erst nach oben laufen, kurz den Ausblick genießen und dann so schnell wie möglich nach unten rennen, rollen, fliegen, purzeln. Wenn Sie fallen, tut das nicht weh, denn überall ist Sand, in dem man toben, rollen und spielen kann. Nach diesen „enormen" körperlichen Anstrengungen, haben Sie sich auf einer der Terrassen eine Pause verdient. Zu empfehlen ist u. a. das **Restaurant Honky Tonk** [Duinvoetweg 11, 1871 EA Schoorl, Tel. +31 (0)72-509 13 20, www.honkytonk. nl. Mi-So ab 10 Uhr] oder gegenüber das **Restaurant 't Trefpunt** [Laanweg 2, 1871 BH Schoorl, Tel. +31 (0)72-509 33 99. Tägl. 11-21 Uhr]. Genießen Sie den Ausblick, bevor Sie müde, aber entspannt wieder in Ihr Urlaubsquartier zurückfahren.

Die Dünen von Schoorl bilden ein abwechslungsreiches Naturschauspiel

Tour 8: Badespaß kombiniert mit mondäner Bäderarchitektur

Scheveningen

Wo: Nordseeküste, Provinz Zuid-Holland, ca. 6 km von Den Haag – Wie: Anfahrt mit dem Auto – Dauer: Tagesausflug – Nicht vergessen: Verpflegung, Badesachen, Sonnencreme

Tausende von Badegästen haben den breiten Strand besetzt. Auf ihren Handtüchern, den Sonnenliegen und in den Strandkörben genießen sie die Sonne, die frische Seeluft und die Aussicht. Viele flanieren auch über die Promenade oder sitzen auf einer Terrasse der zahlreichen Pavillons. Wer es ruhig mag, sollte sich im Sommer vielleicht einen anderen Strand aussuchen. Dennoch ist Scheveningen ein Erlebnis für Jung und Alt. An Strand, Promenade und im Ort findet man viele Geschäfte, Museen, Spielgelegenheiten für Kinder, ein Kino, ein Casino und vieles mehr. Die Besucherzahlen sollen pro Jahr knapp unter zehn Millionen liegen. Etwa zehn Prozent davon kommen aus Deutschland. Kein Wunder, dass überall Deutsch gesprochen wird. Unsere heutige Tour führt durch das Seebad: eine Wanderung auf dem Boulevard, einen Platz am Strand ergattern, zum Pier laufen und die Aussicht bewundern, am Kurhaus vorbei und zum Sea-Life-Aquarium.

Die Attraktion von Scheveningen ist der Strand und der Pier

Drei Kilometer Boulevard

An schönen Sommertagen und an Wochenenden gibt es oft Stau Richtung **Scheveningen**. Dann wäre es empfehlenswert, früh loszufahren, denn die Parkplätze könnten sonst zu voll sein. Es gibt mehrere überdachte und überwachte Parkplätze, die alle 24 Stunden pro Tag geöffnet sind. Am günstigsten ist Parking Scheveningen Bad, der auch über die meisten Parkplätze verfügt (€ 2,40 pro Std.). Die anderen Parkplätze sind: Parking Nieuwe Parklaan 248, Parking Zwarte Pad und Parking Boulevard. Laufen Sie zum Boulevard, in dessen Zentrum Ihnen das Kurhaus und der schräg gegenüberliegende Pier mit Aussichtsturm sofort ins Auge fallen. Beide Bauwerke prägen schon seit über einem Jahrhundert das Bild des Seebads. Der Strandboulevard ist über drei Kilometer lang. An der Landseite befinden sich die Geschäfte, Boutiquen und Restaurants, an der Seeseite die vielen Strandpavillons (wohl die meisten aller niederländischen Seebäder). In südlicher Richtung liegen der Hafen und der **Leuchtturm**, den man sogar besteigen kann [Vuurtoren Scheveningen, Zeekant 12, 2586 NA Scheveningen, Tel. +31 (0)70-350 08 30. Mi-Sa 14 Uhr. Erw. und Kinder (erst ab 5 J. möglich) € 8 in Kombination mit Museumsbesuch. Karten und Reservierungen erhält man über das Muzee Scheveningen, Neptunusstraat 90-92, 2586 GT Den Haag, Tel. +31 (0)70-350 08 30, www.muzee.nl. Di-Sa 10-17, So 12-17 Uhr. Das Museum hat neben dem maritim-biologischen Teil auch einen kulturell-historischen über die Geschichte von Scheveningen]. Der Hafen wurde Ende des 19. Jahrhun-

Der doppelstöckige Pier beherbergt u. a. Restaurants und Geschäfte

derts gebaut, aber die ursprüngliche Fischersiedlung (Heringsfang), gab es schon im 16. Jahrhundert. Ein Besuch des Fischereihafens lohnt sich: Der alte Ortskern von Scheveningen ist zum Teil sehr malerisch. Vielleicht sehen Sie dort noch eine richtige Fischersfrau in traditioneller Tracht. Über einen Strandweg an der Küste entlang kommt man zum Strandbad und auf die Strandpromenade. Wegen Überflutungsgefahr werden die Deiche erhöht, auf dem Boulevard wird die Infrastruktur für Radler, Fußgänger und Autofahrer erweitert.

Turbulentes Strandvergnügen

Auf geht's zum **Strand**, um sich dort ein Plätzchen zu suchen. Das wird an einem heißen Sommertag gar nicht so einfach sein, denn obwohl der Strand gigantische Ausmaße hat, wird es im Sommer hier recht voll. Denn Scheveningen gehört zu den beliebtesten Seebädern der Niederlande. Wenn Sie dann eine schöne Stelle gefunden haben, ist erst mal Badespaß angesagt (siehe S. 24). Vergessen Sie

nicht, sich und Ihre Kleinen mit Sonnenschutz einzucremen. Strandstühle, Windschirme, manchmal auch Drachenflieger und andere Strandaccessoires können bei den verschiedenen Strandpavillons ausgeliehen bzw. gekauft werden. Nach dem Baden bietet sich zur Stärkung ein Besuch in einem dieser Pavillons an. Sie gelten als Relikte aus den 1950er-Jahren und entstanden aus kleinen Strandhütten, die sich zu schicken Strandbars und -cafés mauserten. Insgesamt zählt die holländische Nordseeküste 332 Pavillons, wobei Scheveningen mit 54 den Rekord hält. Im März beginnt die Saison und erst in der letzten Oktoberwoche werden die Häuschen vom Tisch bis zur Kaffeedose eingelagert. Für Familien sind vor allem die **Beach Company Scheveningen** [Strandpavilijoen 53, mit einer Spielecke für Kinder im Außenbereich] und der **Strandpavilijoen Downunder** [Zwarte Pad 1, in australischem Stil eingerichtet und mit einem riesigen Spielplatz] zu empfehlen. Einmal im Jahr findet im Sommer in Scheveningen ein Sandskulpturen-Wettbewerb statt, an dem Profis aus ganz Europa teilnehmen.

Doppelstock-Pier

Bei einem Ausflug nach Scheveningen darf ein Besuch des 300 Meter langen **Piers** nicht fehlen. Er wurde 1901 erbaut und vor einigen Jahren gründlich renoviert. Seitdem gibt es zwei Stockwerke. Der untere, überdachte Teil ist wunderbar zum Bummeln geeignet. Hier befinden sich Restaurants, eine Shoppingmeile, ein Spielcenter und ein Casino. Oben, auf dem offenen Promenadendeck, können Sie schön „pierewaaien", sprich: sich den Wind um die Ohren wehen

lassen. Genießen Sie den tollen Ausblick über die Nordsee, den Strand und die Promenade. Weiter südlich erkennt man in der Ferne auch die Fischerboote, die den Hafen ansteuern. Vom 60 Meter hohen Aussichtsturm, am rechten Ende des Piers, hat man einen großartigen Ausblick über das Meer und die Dünen Richtung Wassenaar. Für diesen Ausblick müssen Sie sich schon etwas Mühe geben, denn es geht mehr als 300 Stufen hinauf. Kinder ab fünf Jahren können es (in Begleitung) gut schaffen. Von einem Kran auf dem Turm können Wagemutige Bungee springen, da kitzelt es schon beim Zugucken im Bauch. Nachdem Sie den Turm wieder heruntergekraxelt sind, kehren Sie erst einmal in einem der vielen Restaurants ein. Am linken Ende des Piers befindet sich hoch über den Nordseewellen ein Restaurant mit tollem Blick aufs Meer: **Restaurant van der Valk** [Tel. +31 (0)70-306 55 00, www.valk.com. Tägl. ab 10, Küche ab 12 Uhr]. Bei schönem Wetter bietet sich die geräumige Außenterrasse an. Neben diesem Restaurant liegt das **Restaurant De Pier Poffertjes en Pannenkoeken** [Tel. +31 (0)70-358 79 34, www.de-pier.nl. Sommer tägl. 10-22, Winter Mo-Fr ab 11, Sa/So ab 10 Uhr] das ein Pfannkuchen-Kindermenü anbietet. Auf seiner Terrasse können Sie in Loungesesseln entspannen.

Badekultur

Mit gefüllten Bäuchen geht es wieder zurück zur Strandpromenade. Jetzt können Sie sich noch mal kurz Zeit nehmen und einen Blick auf das imposante **Kurhaus** werfen. Es ist das Herz des Badeorts. Der Jugendstilpalast steht heute unter Denkmalschutz und beher-

Pompöse Bäderarchitektur: das Kurhaus in Scheveningen

bergt ein Luxushotel und ein Spielkasino. Im edlen Restaurant kann man stilvoll dinieren. Prominente Gäste wie die königliche Familie und ausländische Staatsoberhäupter wurden hier schon auf Gala-Abenden durch Künstler wie Édith Piaf, Duke Ellington, Marlene Dietrich und Leonard Bernstein unterhalten. 1979 wurde das heutige Kurhaushotel nach kompletter Renovierung (für über 100 Millionen Euro) wieder eröffnet. Die Badekultur von Scheveningen begann 1818, als das erste Badehaus gebaut wurde. In dieser Zeit waren Seewasser und Seeluftkuren sehr beliebt, denn dem Meer wurde heilende Wirkung bescheinigt. Im Pavillon konnte man in Badewannen baden, und es gab Badekutschen, mit denen sich die betuchten Herrschaften ins Meer fahren ließen. Wegen der strengen Sitten wurde 1819 verordnet,

dass im Meer nur mit sogenannten „Badehosen" gebadet werden durfte. Damit begann die Bademode in Scheveningen. Männer und Frauen durften aber zunächst nur getrennt baden.

Moderne Kunst, Haie und Trampoline

Am Strandboulevard nahe dem Kurhaus liegt, ein bisschen in den Dünen versteckt, das **Museum Beelden aan Zee** [Harteveltstraat 1, 2586 EL Scheveningen, Tel. +31 (0)70-358 58 57, www.museum beeldenaanzee.nl. Di-So 11-17 Uhr. Erw. € 9,50, Kinder (13-18 J.) € 4,75] mit seiner internationalen Skulpturenkollektion. Für diejenigen, die gern ein bisschen Ruhe haben möchten, ist das Museum eine Oase mit wunderschönem Ausblick auf Meer und Wolken. Die öffentliche Außenterrasse mit märchenhaften

Holland im Miniformat und 3-D-Kino

*Natürlich können Sie auch vormittags die berühmte Miniaturstadt **Madurodam** (siehe S. 91) besuchen und dies dann mit einem Ausflug zum Strand und Boulevard von Scheveningen kombinieren. Auch ein schöner Tipp: ein Ausflug nach Den Haag. Das **Omniversum** ist unbedingt einen Besuch wert. Man kann dreidimensionale Filme (z. B. Tier- und Naturfilme) in einem riesigen Großbildkino anschauen und erlebt, wie ein Tornado entsteht. President Kennedylaan 5, 2517 JK Den Haag, Tel. +31 (0)70-307 34 56, www.omniversum.nl. Mo 10-15, Di/Mi 10-17, Do/So 10-21, Fr/Sa 10-22, in den Ferien bis 22 Uhr. Erw. € 10, Kinder (4-12 J.) € 8,50.*

Skulpturen ist besonders für Kinder sehr schön (kein Eintritt).

Auch das nahe dem Kurhaus gelegene **Sea Life Scheveningen** [Strandweg 13, 2586 JK Den Haag, Tel. +31 (0)70-354 21 00, www.sealifeeurope.com. Tägl. 10-18 (Juli/Aug bis 20) Uhr. Erw. € 15, Kinder (3-11 J.) € 10] ist zu empfehlen. Es wurde 1993 als Erstes seiner Art auf dem europäischen Festland eröffnet. Hier ist die Unterwasserwelt in allen Variationen zu bestaunen. Es gibt mehr als 70 verschiedene Fischarten in zahlreichen Aquarien zu sehen, z. B. Clownfische aus der Karibik, Piranhas aus dem Amazonas sowie Korallen und Zebrahaie. Es gibt sogar eine Seepferdchenabteilung mit eigener Zucht. Spektakulär ist der acht Meter lange Unterwassertunnel, in dem man unter Haien, Quallen, Meeresschildkröten und Fischschwärmen hindurchwandert. Nicht verpassen sollten Sie die Fütterung um 15 Uhr.

Wenn Sie jetzt noch Lust auf Action haben, können Sie auf einem der Trampoline springen, die im **Trampoline Centrum Scheveningen** [Strandweg 44, 2586 JL Scheveningen, Tel. +31 (0)6-45 61 60 77, www.trampolinecentrum.nl. Im Sommer tägl. 11-23 Uhr. € 3 für 10 Min.] neben dem Pier stehen. Tausende von Menschen hüpfen hier wild durch die Gegend. Für die kleineren Kinder gibt es am Boulevard auch mehrere Hüpfburgen. Spätestens jetzt haben Sie sich endgültig etwas zu essen verdient. Das vielfältige Angebot an Restaurants und Essgelegenheiten am Boulevard bietet etwas für jeden Geschmack: frischen, leckeren Fisch, mexikanisches Essen, Pizza und Pasta oder doch lieber Chinesisch? Wie dem auch sei, einen guten Appetit!

Sonnenuntergang

Am Abend ist Stimmung angesagt. In den Bars, Strandcafés und Discos treten Livebands auf und in manchen Cafés gibt es sogar Karaoke. Sollten Ihre Kinder so lange durchhalten, können Sie vielleicht sogar den Sonnenuntergang gemeinsam am Strand genießen und damit diesen schönen Tag am Meer stimmig ausklingen lassen. Ein letzter Tipp: Freitags gibt es um 23 Uhr am Pier ein Sommerfeuerwerk (Mitte Juli bis Mitte August, siehe auch S. 116).

Tour 9: Zwischen Wasserspielen und Piratenhöhle

Middelburg • Vlissingen

Wo: auf der Insel Walcheren in der Provinz Zeeland – Wie: mit dem Auto, Boot und zu Fuß – Dauer: Tagesausflug – Nicht vergessen: Fotoapparat

In Zeeland, der südwestlichsten niederländischen Provinz, welche aus vier Halbinseln und zwei Inseln besteht, hat Wasser immer die Hauptrolle gespielt. Zwei größere Attraktionen hat die Insel Walcheren zum Thema Wasser zu bieten. Im Norden, in der Oosterschelde, gibt es den tollen **Deltapark Neeltje Jans** (siehe auch unter Attraktionen, S. 86). Hier stehen die Deltawerke im Vordergrund, ein Schutzsystem gegen Hochwasser und Sturmfluten, das aus verschiedenen Bauwerken (Dämmen, Sturmflutabwehren und Schleusen) besteht. Es wurde aus Anlass der Sturmflutkatastrophe von 1953 gebaut, bei der mehr als 1.800 Menschen in den Fluten starben. Nach diesem Unglück wurden die Deiche um 3,35 Meter angehoben – also auf das sogenannte Deltaniveau angepasst. Daher stammt der Name der Deltawerke. Ihr Bau fand große internationale Beachtung. Südlicher, in Vlissingen, liegt der Piratenfreizeitpark Het Arsenaal, der in unserer heutigen Tagestour mit auf dem Programm steht.

Der Anfang liegt in der Mitte

Unser Ausflug, zwischen Wasserspielen im Norden und Piratenhöhle im Süden, beginnt in der Mitte der Insel, in

Weltberühmter Küstenschutz: Die Deltawerke sichern gegen Hochwasser

Middelburg, wie könnte es auch anders heißen. Die Hauptstadt der Provinz Zeeland ist eine der ältesten Städte der Niederlande. Ihre reiche Vergangenheit ist überall sichtbar. Die ersten Siedler ließen sich wahrscheinlich schon um das Jahr 800 an dem Fluss Arne nieder. Ende des 9. Jahrhunderts bauten die Einwohner von Walcheren Fluchtburgen zur Verteidigung gegen die Normannen: im Norden die Domburg – heute ein Hostel (siehe S. 107) –, im Süden die Souburg und in der Mitte der Insel die Middelburg. In dieser Middelburg wurde im 12. Jahrhundert eine Abtei errichtet, um die sich im Mittelalter Kaufleute und Fischer ansiedelten. Dank dem profitablen Tuchmachergewerbe entwickelte sich die Siedlung zu einer wichtigen, wohlhabenden Handelsstadt. Im 16. und 17. Jahrhundert erlebte Middelburg eine zweite Blüte, durch die Mitgliedschaft in der Handelsgesellschaft Vereenigde Oostindische Compagnie (VOC) und deren Handel mit Ostasien und später Südafrika. Im 17. Jahrhundert war Mid-delburg neben Amsterdam die zweitwichtigste Handelsstadt der Niederlande. Aus dieser Zeit stammen die vielen schönen Handelshäuser, Lagergebäude, Kontore und Stadtpaläste. Während des Zweiten Weltkriegs wurde Middelburg größtenteils zerstört, in den Nachkriegsjahren aber aufwendig und historisch getreu rekonstruiert. Mit mehr als 1.100 Monumenten ist sie zur offiziellen Denkmalstadt ausgerufen worden.

Kultige Bootstour

Am besten genießt man den Blick auf die schnuckeligen kleinen Häuschen, die prächtigen Handels- und Lagerhäuser und das muntere Treiben bei einer Bootstour durch die Kanäle. Deswegen führt der Weg zunächst zu den **Kloveniersdoelen**, einem Prachtbau aus dem Jahre 1607. Mitte des 18. Jahrhunderts wurde der Turm von einem Blitz getroffen und aufgrund der schweren Beschädigung abgerissen. Erst 1968, als das Gebäude restauriert wurde, wurde auch der Turm wieder errichtet. Unter dem untersten

Bei einer Kanaltour zeigt sich Middelburg von seiner schönsten Seite

Sims findet man zwei Steine mit den Wappen von Middelburg und Zeeland. Wer kann sie entdecken? Gegenüber am Achter de Houttuinen am anderen Ufer legen die **Ausflugsboote** ab [Rondvaart Middelburg, Achter de Houttuinen 39, 4331 NJ Middelburg, Tel. +31 (0)118-64 32 72, www.rondvaartmiddelburg.nl. Ende März-Anfang Nov tägl. 11-17 Uhr. Erw. € 6,50, Kinder (3-12 J.) € 3,50, Familien € 17]. In der Hochsaison kann es sein, dass gerade beide Boote unterwegs sind, aber es gibt beim Anlegesteg eine Terrasse, wo Sie die Wartezeit überbrücken können (max. 45 Min.). Die Boote bieten Platz für etwa 60 Personen. Sie sind so niedrig, dass man dicht über dem Wasser sitzt. Der Skipper sitzt vorne im Boot, mitten unter den Fahrgästen. Er spricht übrigens Niederländisch, Englisch, Deutsch und manchmal auch etwas Französisch. Vor der Abfahrt kündigt er an, dass man sich unterwegs mehrmals bücken muss, um unter den niedrigen Brücken durchfahren zu können. Das sorgt immer für Heiterkeit. Unterwegs zeigt und erzählt er interessante Details über die Lagerhäuser und Kaufmannswohnungen. Manchmal fühlt man sich zwischen den schmalen bunten Fassaden der Häuser wie in einer Miniaturwelt: Das schmalste Sträßchen misst gerade mal 70 Zentimeter, und das schmalste Häuschen zwei mal sieben Meter. Die reichen Handelsleute im 17. Jahrhundert bauten ihre Häuser wegen der hohen Steuern eher nach hinten raus (siehe Kasten S. 33). Vom Boot aus wird nun der Turm der alten Abtei sichtbar, welcher wegen seinen 90 Meter Höhe im Volksmund Langer Jan genannt wird und das Wahrzeichen Middelburgs ist.

Die Turmbesteigung des Langen Jan wird mit einem tollen Ausblick belohnt

Man durchquert die neu restaurierte alte Schleuse und fährt durch den Jachthafen. Nach etwa 45 Minuten kommen Sie wieder zum Ausgangspunkt zurück. Vergessen Sie nicht, für den Skipper zu applaudieren.

Ein langer Lulatsch

Wenn Sie sich in Richtung Turm bewegen, können Sie das Herz des historischen Stadtzentrums gar nicht verfehlen. Um zur Abtei zu kommen, überqueren Sie beim Anleger rechts das Wasser und gehen geradeaus auf der Langeviele, am Markt vorbei, bis Sie bei der Lange Noordstraat links abbiegen. Dann geht's beim Bachtensteene rechts, weiter geradeaus, bei Korte Burg links, bis Sie auf der Balans rechts zur Abtei abbiegen. Die mitten im Zentrum stehende **Abtei Onze Lieve Vrouw** wurde im 12. Jahrhundert als Kloster erbaut. Nach einem Blick hinter die dicken Klostermauern sehnt man sich nach etwas Freiheit. Sie können den Ausblick über die Stadt am besten vom **Langen Jan** genießen. Laufen Sie von der Abtei zurück Richtung Balans, biegen Sie links in die Korte Burg, weiter über den Groenmarkt bis Onder den Toren. Dann geht es die 207 Stufen hinauf. Haben alle mitgezählt? Wenn man die 90 Meter geschafft hat, genießt man einen schönen Ausblick über die Stadt – bei klarem Wetter über ganz Walcheren bis zu den anderen zeeländischen Inseln. Nach dieser sportlichen Höchstleistung knurrt bestimmt der Magen. Wieder unten können Sie sich auf eine der vielen Terrassen zu einer Pause niederlassen, z. B. beim nahe gelegenen Rathaus am Markt (Donnerstag ist Markttag) oder beim **Wooncafé Middelburg** [Segeerstraat 13, 4331 JM Middelburg, Tel. +31 (0)118-62 46 57, www.wooncafe-middelburg.nl. Di-Fr 9-18, Do bis 21, Sa bis 17 Uhr]. Hier gibt es eine große Kaffeekarte, dazu Kuchen, Poffertjes, zeeländische Bolussen (siehe Kasten) oder belegte Brötchen. Wenn Sie richtig Hunger haben, bietet sich die **Brasserie Panneke** an [Lammerensteeg 5, 4331 MB Middelburg, Tel. +31 (0)118-62 52 87. Mi/So ab 17, Do-Sa ab 12 (Küche bis 21.30) Uhr]. Dieser kulinarische Geheimtipp ist besonders schön: Das Interieur wurde mit viel Holz und einer schmiedeeisernen Wendeltreppe gestaltet. Die Rezepte stammen vorwiegend aus Frankreich. Hier ist es zwar nicht billig, dafür stimmen Qualität, Bedienung, und ein leckeres Kindermenü ist auch zu haben.

Bolus und Babbelaars

Probieren Sie auf einer der zahlreichen Terrassen unbedingt ein **Zeeuwse Bolus***. Das ist ein Gebäck mit Zuckersirup und Zimt. Ursprünglich ein jiddisches Gebäck, wurde es über Generationen von zeeländischen Bäckern weiter verfeinert und ist zu einem zeeländischen Produkt geworden. Eine weitere Spezialität sind die* **Zeeuwse Babbelaars***, goldfarbene, harte, süße Karamellbonbons aus Zucker, Butter und geheimen Mengen von Sirup, Zimt, Essig oder Salz. Früher machten die Hausfrauen und Bäuerinnen sie zu Hause selbst. Die verschiedenen Blechdöschen sind beliebte Sammlerobjekte. Sie zieren bäuerliche Motive wie die zeeländische Tracht, Walcherse Monumente, Strände oder Fischerdörfer.*

Haie in der Piratenwelt

Wenn alle gesättigt und munter sind, geht's ab nach **Vlissingen**. Verlassen Sie Middelburg Richtung Süden über die N 661. Biegen Sie rechts in den Commandoweg und wieder rechts in die Gravestraat. Beim Zeilmarkt geht es links ab. Und schon sieht man auf der rechten Seite den Freizeitpark **Het Arsenaal** [Arsenaalplein 1, 4381 BL Vlissingen, Tel. +31 (0)118-41 54 00, www.arsenaal.com. Tägl. im Sommer 10-19, im Winter 10-18, die Kasse schließt um 18 bzw. 17 Uhr. Erw. € 14,50, Kinder (3-12 J.) € 12,50]. Der überdachte Park mit Meeresaquarium wurde in einem ehemaligen Waffenarsenal am Jachthafen untergebracht – daher der Name. Hier werden Kinder zu „echten" Piraten ausgebildet. Alles, was man über Piraten wissen möchte, erfährt man hier: z. B. die Geschichte der Seeräuberei, das Alltagsleben an Bord und die Gefahren auf See. Das Oberdeck eines Piratenschiffs und der dunkle Schiffsraum sind sogar begehbar. Ein Schiffbruch wird hautnah in einem Simulator erlebt. In der Piratenhöhle sieht man u. a. feiernde Skelette und grobe Seemänner ohne Manieren. Vielleicht nehmen Sie die Allerkleinsten hier besser nicht mit, es könnte sie etwas ängstigen. Für die jungen Piratenfans ist eher die Spielinsel angesagt, wo sie rudern oder sich Zeichentrickfilme anschauen können. Sehr schön für die Kleinen sind auch die Aquarien. Neben den Becken mit tropischen Fischen, Muscheln und Seeanemonen steht auch ein Aquarium mit richtigen Haien. In der Pottwalausstellung kann man sich ausführlich über die Meeressäuger informieren und sieht ein echtes Pottwalskelett. Für mutige Kinder ist das Streichelbecken, wo Rochen und Katzenhaie berührt werden können, besonders spannend. Manche Rochen kommen wirklich angeschwommen und tanzen auf dem Wasser. Und als echter Pirat müssen Sie natürlich in das Krähennest, welches sich auf 65 Metern Höhe befindet. Wenn Sie schon auf den Langen Jan gestiegen sind, wissen Sie ja, wie schön es von oben ist. Sie haben Glück, diesmal geht es per Fahrstuhl hoch. Auch hier erwartet Sie wieder eine tolle Aussicht über Walcheren und die Westerschelde. Ein schöner Abschluss im Arsenaal ist ein Besuch im **Restaurant 't Vooronder** etwas weiter am Arsenaalplein [Arsenaalplein 9, 4281 BL Vlissingen, Tel. +31 (0)118-41 44 54, www.het vooronder.nl. Tägl. 10-19, die Küche schließt 17 Uhr]. Auf der Terrasse mit Blick auf den Jachthafen lassen Sie den Tag Revue passieren, die Kleinen stärken sich derweil beim Kindermenü Schatzkiste, das eine Überraschung bereithält.

Streichelbecken mit Rochen in Het Arsenaal

Tour 10: Auf Schmuggeltour in der Grenzregion

Oeding • Burlo • Winterswijk

Wo: Region Gelderland an der deutschen Grenze – Wie: mit dem Fahrrad – Dauer: Tagesausflug – Nicht vergessen: Proviant, Fernglas

Die niederländische Provinz **Gelderland** gehört zu der größten des Landes. Sie lässt sich in drei Gebiete aufteilen: zum Ersten das Geldersche Rivierengebied im Südwesten der Region mit der Betuwe, einem großen Obst- und Gemüseanbaugebiet. Die zweite Region ist die Veluwe im Norden, das größte Waldgebiet der Niederlande, und die dritte der Achterhoek, im Südosten mit vielen Schlössern, Bauernhöfen und Landgütern. Genau diese Kulisse eignet sich wunderbar für Fahrradtouren. Direkt

Immer Wind in den Flügeln: Galeriehollländer in Winterswijk

Fossilien sammeln

*Wie echte Archäologen können Kinder und Eltern ganz in der Nähe von **Winterswijk** im Steinbruch nach Fossilien graben. Er ist von April bis November von 9 bis 16.30 Uhr für Besucher geöffnet. Sie sollten sich jedoch vorher bei dem VVV/ANWB Winterswijk anmelden, denn der Andrang ist groß! Weitere Infos bei der Touristinformation VVV/ANWB Winterswijk, Markt 17a, 7101 DA Winterswijk, Tel. +31 (0)543-51 23 02, www.vvvwinterswijk.nl.*

an der deutsch-niederländischen Grenze zwischen Oeding und Burlo können Sie ehemalige Zöllner- und Schmuggelpfade per Rad erkunden. In dieser Gegend florierte besonders im 16. Jahrhundert und zur napoleonischen Zeit das Schmuggeln von Waren. „Kommiesen" wurden die Zöllner genannt, die noch bis 1995 ihre Streifzüge durch das Grenzgebiet machten, um Schmuggler zu entlarven. Heute wurde ein landschaftlich wunderschöner Rad- und Wanderweg auf den alten Zöllnerpfaden errichtet. Der **Kommiesenpatt** führt Sie mit gelben Hinweisschildern markiert die Grenze entlang.

Erste Grenzerfahrungen

Startpunkt ist – auf deutscher Seite – die Burg in der Gemeinde **Oeding** in der

Nähe von Südlohn. Hier können Sie Ihr Auto abstellen und sich auf den Fahrradsattel schwingen. Los geht's in Richtung Norden auf die Schultenallee. Die blauen und gelben Hinweisschilder zeigen Ihnen den Weg. Vorbei am **Gutshof Schulze-Hessing** mit einem der ältesten Spieker (Speicher) des Münsterlands und der Anhöhe Hessinghook treffen Sie immer wieder auf typische Hütten, die Wanderern und Radlern einen Rastplatz bieten. Nun steuern Sie entlang der Grenze wieder Richtung Süden und treffen bald auf die Schlinge, einen Bach, der damals für Schmuggler von großer Bedeutung war. Über ihn wurden Schweine, die von der Schmuggelware ablenken sollten, in Booten über die Grenze geschickt. An diesem Grenzpunkt entdecken Sie einen Wappenstein, der schon seit 1766 an dieser Stelle steht. Einige Hundert Meter weiter kommt das ehemalige Zollamt in Sichtweite. Hier wurden noch bis 1995 strenge Kontrollen durchgeführt. Weitere Infos rund um den Schmuggel und die Arbeit der Zöllner gibt's im **Grenzlandmuseum Dinxperlo** [Markt 1b, 7091 CJ Dinxperlo, Tel. 02874-585, www.grenslandmuseum.nl. April-Okt Di-Sa 14-17 Uhr. Erw. € 1, Kinder € 0,50].

Holländisch-italienische Meere

Weiter geht's entlang der „grünen Grenze", dem Streckenverlauf vor der offiziel-

Eine der vielen Rastmöglichkeiten für Wanderer und Radler: die Hütten

Die alte Eisenbahnstecke zwischen Münsterland und Gelderland

len Grenze, zur nächsten größeren Rastmöglichkeit. Beim **Café Italiaanse Meren** haben Sie die Möglichkeit, etwas zu essen und zu verschnaufen. Hier erfahren Sie auch die Geschichte über einen kleinen Bauernhof, der Schmuggler beherbergte und von dem aus es die Gauner am liebsten versuchten, die mit hohen Steuern belegten Waren über die Grenze zu schmuggeln. Seinen Namen hat das Café übrigens aufgrund des Wassers in der nahe gelegenen Lehmgrube. Hier wurden in den 1930er-Jahren Angelwettbewerbe veranstaltet. Die Besucher fanden, dass der grünblaue Schimmer auf dem Wasser an die Seen in Italien erinnerte.

Die niederländische Seite

Von diesem Streckenpunkt aus orientieren Sie sich an den gelben Hinweisschilden und folgen dem Hauptwanderweg. Sie verlassen jetzt den Rundkurs um die Ortschaft Oeding und begeben sich auf den zweiten Rundkurs Richtung Burlo.

Entlang dem Burloseweg kommen Sie in das **Naturschutzgebiet Nonnenvenn** mit einer alten Eisenbahnstrecke, die früher das Ruhrgebiet mit dem Westmünsterland und dem Gelderland verband. Der Textilfabrikant Jan Willink, aus der nahe gelegenen niederländischen Provinz Winterswijk, gründete 1872 die Eisenbahngesellschaft, um insbesondere Kohle zum Betrieb der Dampfmaschinen in der Textilfabrik zu befördern. Heute ist die Eisenbahnstrecke stillgelegt, rundherum ist ein schönes Heidegebiet enstanden. Viele Libellen und über 25 verschiedene Arten von Schmetterlingen tummeln sich in dem Naturschutzgebiet. Es ist somit eines der schmetterlingreichsten Gebiete der Niederlande.

Auf Ihrer Route durch das Nonnenvenn radeln Sie auch auf einem ganz besonderen Weg: Die recht enge, mit dichten Bäumen versehne Agnesallee, wird im Volksmund der Münsterländer liebevoll die „Kussallee" genannt. Sie bekam ihren Namen aufgrund einer Liebesgeschichte zwischen einer jungen Frau namens Agnes und einem Zöllner. Damals, in den 1920er-Jahren, waren die Grenzwächter nicht gern an der Seite von Damen gesehen, die aus besser betuchten Familien stammten. Also mussten die Treffen heimlich stattfinden und zwar im Grenzgebiet auf der Kussallee.

Das Kloster

Im weiteren Verlauf Ihrer Route steuern Sie auf dem Rundkurs auf die Ortschaft **Burlo** zu. Das **Oblatenkloster Mariengarden** ist eine lohnenswerte Adresse. Etwa im Jahre 1220 wurde hier eine kleine Kapelle errichtet, die erst im 17. Jahrhundert zu dem Kloster geworden ist, wie man es sich heute anschauen kann. In den 1920er-Jahren zog dann eine staatlich anerkannte Privatschule in das Kloster ein.

4.500 Jahre altes Moor

Weiter geht's durch das bedeutendste Moorgebiet des Westmünsterlands und des Achterhoeks. Das Naturschutzgebiet **Burlo-Vardingholter Venn** besteht aus Feuchtheiden und Birkenmoorwäldern. Das Hochmoor ist schon 4.500 Jahre alt! Zahlreiche Tier- und Pfanzenarten haben nur noch hier ihren Lebensraum. Tipp: Am besten schnappen Sie sich Ihr Fernglas, um die seltenen Tiere zu beobachten. Bestimmt entdecken Sie entweder einen Eisvogel oder eine Rohrdrommel. Auf Ihrer Radtour durch das Naturschutzgebiet werden Sie merken, dass Sie schon bald wieder niederländischen Boden unter den Füßen haben. Denn mitten durch das Venn verläuft die Staatsgrenze. Erkennen können Sie den Bereich an den Steinen, die zur Begrenzung der beiden Länder aufgestellt wurden. Hier lohnt sich dann ein Besuch in der **Bauernkäserei Harmienehoeve**. Schauen Sie über die Schultern der Gastgeber und erfahren Sie, wie der Bauernkäse ensteht. Im Hofladen gibt's die verschiedenen Sorten wie z. B. leckeren Gewürznelkenkäse zu kaufen [Bauernkäserei Harmienehoeve, Kulverweg 2-4,

Kloster Mariengarden in Burlo beherbergt heute rund 800 Schüler

Ausflug nach Winterswijk

*Wenn Sie mögen, sollten Sie unbedingt auch der Stadt **Winterswijk** einen Besuch abstatten. Dort erleben Sie das niederländische Treiben z. B. auf den beliebten Seefisch-, Blumen- und Trödelmärkten. Mittwochs und samstags verwandelt sich der Kirchplatz in der Innenstadt in ein kunterbuntes Meer aus Markständen. Es gibt nicht nur den beliebten Backfisch, sondern auch frisches Obst und Gemüse aus der Region. Schon bei Sonnenaufgang hört man die Marktschreier, wie sie ihre Ware anpreisen. Bis 17 Uhr kann man hier die Köstlichkeiten des Gelderlands kaufen.*

Molenwinkel in der Kornmühle hält besondere Leckerein wie frisch gemahlenes Mehl und landestypische Souvenirs wie Klompen und Porzellan parat. In der antiken Mühle werden immer noch Buchweizen, Roggen, Gerste und Mais gemahlen [Korenmolen De Vier Winden, Winterswijkseweg 12-14, 7134 ND Vragender, Tel. +31 (0)544-37 28 81, www.gunnewickdevierwinden.nl. Mi-Fr 9-12, 13-17.30, Sa April-Okt 9-16, Nov-März 9-13 Uhr]. Im Ortskern bietet sich das **Café Beneman** für eine Rast an [Winterswijkseweg 9, 7134 NB Vragender, Tel. +31 (0)544-37 12 71, www.beneman.nl. Do-So ab 11, im Winter ab 17 Uhr]. Hier können Sie bei Kaffee und Kuchen den Tag noch einmal Revue passieren lassen und die Füße hochlegen. **Noch ein Tipp:** Mehr grenzüberschreitende Touren in den Provinzen Gelderland und Overijssel finden Sie auf www.niederlande.de/grenzregion.

7108 BB Winterswijk, Tel. +31 (0)543-56 42 08, www.harmienehoeve.nl]. Nun sind alle schon etwas müde und es geht auf den Rückweg wieder in Richtung Oeding. Wenn Sie und Ihre Kinder noch Kraft haben, in die Pedale zu treten, dann machen Sie doch einen Ausflug nach **Winterswijk** (7,5 Kilometer, siehe Kasten). Von hier aus bietet sich eine Tour in den Grenzort **Vragender** an (über den Europaweg und Hamelandweg). Das kleine nostalgische Kirchendorf ist berühmt für die größte in Betrieb befindliche Windmühle der Region. **De Vier Winden** ist besonders bei leichtem Wind sehenswert, wenn die vier Windmühlenflügel mit jeweils beeindruckenden 24 Metern Länge sich drehen. Ein Besuch des kleinen Spezialitätengeschäfts De

Ziegenkäserei

*Im Stil der 1950er-Jahre finden Sie südlich von Winterswijk eine **Ziegenkäserei**. Aus frischer Rohmilch von eigenen Kühen und Ziegen entsteht der Käse. Das Besondere: Sie können bei der Herstellung zusehen, und die Kinder dürfen die Tiere wie Schafe, Ziegen, Schweine oder Ponys anfassen und streicheln. **De Brömmels:** Meerdinkweg 5, 7108 BJ Winterswijk, Tel. +31 (0)543-56 45 18, www.brommels.nl. Führungen April-Nov Mo-Sa 9-18, So 14-18 Uhr. Pro Pers. € 4,50.*

DIE TOLLSTEN ATTRAKTIONEN FÜR KINDER

Batavia

Rund 57 Meter lang und etwa elf Meter breit ist das wohl bedeutendste Segelschiff der Niederlande. In der Werft in Lelystad kann der beeindruckende Nachbau des 1629 gesunkenen Schiffs, das für die Vereenigde Oostindische Compagnie (VOC) unterwegs war, besucht werden. Zehn Jahre hat es gedauert, diese Galeone nachzubauen. Schiffbauer Willem Vos wollte eine möglichst detailgetreue Kopie der „Batavia"

Die Galeone „Batavia" ging 1999 für ein Jahr auf ihre zweite Jungfernfahrt

Vorm Einkaufen stärken

Unweit der Bataviawerf stärken Sie sich am besten im Dubbl-Op, wo Sie die typischen Pfannkuchen nach Herzenslust zusammenstellen können. Danach geht's mit den Kids zum Shoppen ins Factory Outlet Batavia Stad! **Dubbl-Op:** *Wold 11-10, 8225 AA Lelystad, Tel. +31 (0)320-28 08 00, www.dubbl. op.nl.* **Batavia Stad:** *Bataviaplein 60, 8242 PN Lelystad, www.bataviastad.nl.*

bauen, doch im 17. Jahrhundert wurden im Schiffbau noch keine Zeichnungen verwendet. Da es aus dieser Zeit auch nur wenige Abbildungen gibt, wurden die Details des Nachbaus mithilfe archäologischer Forschungsergebnisse und nach historischen Beschreibungen ähnlicher Schiffe ergänzt. Die „Batavia" lief am 4. Juni 1629 vor der australischen Küste auf ein Riff und verunglückte. Im September 1999 lief sie als Neubau ein zweites Mal vom Stapel und steuerte ihre alte Jungfernfahrt nach Australien an. Heute kann sie in ihrem Heimathafen in Lelystad besichtigt werden.

Bataviawerf: *Oostvaardersdijk 1-9, 8244 PA Lelystad, Tel. +31 (0)320 26 14 09, www.bataviawerf.nl. Tägl. 10-17 Uhr. Erw. € 11, Kinder (4-12 J.) € 5,50.* **Anfahrt:** *A 6, Ausfahrt Lelystad Noord. Weiter auf N 302 Richtung Batavia Stad bis zum Kreisverkehr vor dem Gelände. Dann den Hinweisschildern zur „Batavia" folgen.*

Burgers' Zoo

Ein Zoo, in dem es in verschiedenen Themenparks die ganze Welt der Tiere zu entdecken gibt. Es kreucht und fleucht in der Felsenwüste von Arizona und dem Norden Mexikos, dem tropischen Korallenriff oder dem großen Tiergarten. Besonders die Safaritour durch Burgers' Wüste ist empfehlenswert. Von einer riesigen Felsformation aus genießen Sie einen prächtigen Ausblick über die „ostafrikanische Savanne", in der Giraffen, Zebras, Nashörner und Antilopen ihren Lebensraum miteinander teilen. Die Schimpansenkolonie besteht bereits seit über 40 Jahren und ist damit die älteste ihrer Art weltweit. Im tropischen Regenwald sorgen Ibisse, Pfeifgänse, Brillen- oder Zuckervögel für ein großes Pfeifkonzert. Doch man muss schon sehr aufmerksam zwischen den zahlreichen Palmen, Lianen und Kletterpflanzen suchen, um die bunten, prachtvollen Vögel zu entdecken. Nicht ganz ungewöhnlich sind kleine Leguane, die schon mal vor Ihren Füßen in das nächstgelegene Gebüsch huschen. Die Wege führen teilweise über Brücken, vorbei an faszinierenden Wasserfällen oder an Bächen und kleinen Seen entlang. Die schmalen Abenteuerpfade schlängeln sich manchmal auf Trittsteinen durch Sümpfe oder dichten Bewuchs wie im richtigen Regenwald. Zahlreiche Tierarten wie Erdferkel, Seekühe oder Kaimane können hier bestaunt werden.

Ein trockener Tauchgang vorbei an Haien, Muränen und Korallenfischen

Tipp: Wenn die kleinen Racker genug haben von den vielen Eindrücken aus der Tier- und Pflanzenwelt, dann bietet der Spielplatz zum Toben, Klettern und Spielen eine gute Abwechslung und Entspannung für die Eltern.

***Burgers' Zoo:** Antoon van Hooffplein 1, 6816 SH Arnhem, Tel. +31 (0)26-442 45 34, www.burgerszoo.nl. April-Okt tägl. 9-19, Nov-März 9-17 Uhr (Sonnenuntergang). Erw. € 18,50, Kinder (4-9 J.) € 16,50. **Anfahrt:** A 12, Ausfahrt Arnhem/Oosterbeek/Hoge Veluwe. Weiter in Ri. Arnhem und im Verlauf der Straße den Hinweisschildern zum Burgers' Zoo folgen.*

Deltapark Neeltje Jans

In der westlichen Provinz der Niederlande hat schon so manche Sturmflut gewütet. Um der Wassermassen Herr zu werden, haben die Niederländer das Sturmflutwehr auf der ehemaligen Arbeiterinsel Neeltje Jans errichtet. In der Region Zeeland rund um die **Deltawerke** gibt's im Deltapark aber noch viele andere Attraktionen zu bestaunen: Das Meerwasseraquarium lockt mit Fütterungsshows von Krebsen, Hummern oder Rochen. Im 3-D-Kino Waterworld schwimmen große Haie ganz dicht an einem vorbei. Und auch in der Muschelausstellung bleibt nichts im Verborgenen: Können Muscheln hören? Schweinswale oder Robben können Sie übrigens bei einer Bootsfahrt in der Oosterschelde entdecken. Außerdem sorgen eine 60 Meter lange Wasserrutschbahn und ein Wasserspielplatz, auf dem Kinder ihren eigenen Wasserfall bauen können, für Spaß und Matschvergnügen.

*Deltapark Neeltje Jans: Eiland Neeltje Jans, Faelweg 5, 4354 RB Vrouwenpolder, Tel. +31 (0)111-65 56 55, www.neeltjejans.nl. Jan-Anfang Nov tägl. 10-17.30 Uhr. Erw. und Kinder (ab 4 J.) € 21. **Anfahrt:** A 15 Ri. Hellevoetsluis/Europoort. Weiter auf N 15, Ausf. Brielle Ri. Hellevoetsluis/ Middelburg auf N 57. Den Schildern „Neeltje Jans" und „Deltapark" folgen.*

Seehunde sind im Deltapark aus nächster Nähe zu erleben

Ecomare

Auf Texel, der westlichsten der holländischen Nordseeinseln (s. S. 48-52), befindet sich das Ecomare inmitten des **Nationalparks Duinen van Texel**, ein Zentrum für Wattenmeer und Nordsee. Das Ecomare gibt Aufschluss über das Leben auf der Insel und im Wattenmeer. In einer Dauerausstellung wird mithilfe von Computeranimationen die Entwicklung Texels von der Eiszeit bis heute gezeigt. Auge in Auge stehen Sie einem Wollnashorn gegenüber. Während der Eiszeit lebte es zusammen mit Mammuts, Riesenhirschen und Höhlenbären auf Texel. Aber auch die kleinen Tiere dieser Watteninsel haben ihren Platz im Naturkundemuseum gefunden: In der Vogeletage werden die bekanntesten Vögel gezeigt. In der Ausstellung „Sicht auf See" dreht sich alles um die Nordsee und das Wattenmeer. Kleine Filme geben Aufschluss, wie das Meer genutzt werden kann, ob als Transportweg, Nahrungsquelle oder für Bodenschätze. Ähnlich geht es im Meeresaquarium zu. Landestypische Fische, wie das giftige Petermännchen, gibt's hier ebenso zu sehen wie lebende Ohrenquallen in einer märchenhaften Unterkunft. Der Schwerpunkt im Ecomare liegt allerdings bei den Seehunden. Schon seit 60 Jahren existiert die Seehundaufzuchtstation. Verletzte oder zurückgelassene Jungtiere werden aufgenommen, wieder aufgepäppelt und danach wieder freigelassen. Eine

Das Nashorn der Eiszeit: Mit seinem dicken Wollpelz wurde ihm nie kalt

kleine Gruppe von älteren Seehunden, die nicht mehr ausgewildert werden können, haben ihren festen Wohnsitz in der Seehundstation auf Texel. Ein großes Ereignis sind im Sommer die Seehundbabys, die gerade erst geboren wurden und beim Schwimmen mit ihren Müttern beobachtet werden können. Täglich um 11 und 15 Uhr ist Fütterungszeit.

Ecomare, Zentrum für Wattenmeer und Nordsee: Ruijslaan 92, 1796 AZ De Koog, Texel, Tel. +31 (0)222-31 77 41, www.ecomare.nl. Tägl. 9-17 Uhr. Erw. € 9,75, Kinder (4-13 J.) € 6,50. Anfahrt: von Den Burg auf dem Pontweg Ri. De Koog, Abzweig 13 links in den Californieweg, dann ausgeschildert. Parkplatz ca. 250 m vom Ecomare entfernt, kostenlos.

Efteling

Rotkäppchen, Rumpelstilzchen oder Rapunzel heißen Sie willkommen im beliebtesten Freizeitpark der Niederlande. Die gekonnte Mischung aus Märchen und Action, aus Park und Unterhaltung verspricht für jeden etwas. Vier große Themenparks wie das Sagenland, in dem Märchen „wahr" werden, dem Reise-, Anders- oder Abenteuerland mit Fahrgeschäften, von Karussell über Achterbahn bis hin zum „Fliegenden Holländer", versprechen einen abwechslungsreichen

Pardoes ist das Efteling-Maskottchen, das alle Kinder willkommen heißt

> ## Sommer- und Wintervergnügen
> *Während des* **Sieben-Meilen-Sommers** *von Mitte Juli bis Ende August finden in Efteling an den Abenden täglich wechselnde Veranstaltungen statt.* **Winter-Efteling:** *Alle Bewohner haben sich in warme Winterkleidung gehüllt, überall funkeln Lichter und lodern Lagerfeuer (ca. Nov-Jan). Besondere Attraktionen: Eisbahn, Langlaufroute und Schneerutschen.*

Tag. Lustige Figuren nehmen Sie im Reiseland beim Carnaval Festival mit auf den Weg durch die ganze Welt. Mal ist man in Mexiko, in Alaska, dann wieder in China oder Frankreich. Die Puppen tragen landestypische Trachten und vermitteln die Sitten und Gebräuche der unterschiedlichen Nationen. Eine Show aus 1.001 Nacht im Palast „Fata Morgana" verzaubert große und kleine Besucher im Andersland. Bauchtänzer und orientalische Musik bringen einen Hauch von Morgenland nach Europa.

Efteling: *Europalaan 1, 5171 KW Kaatsheuvel, Tel. +31 (0)416-28 81 11, www.efteling.nl. März-Okt tägl. 10-18, Mitte Juli-Ende Aug tägl. bis 20, Sa bis 24, Nov-Jan Mo-Fr 11-18, Sa/So 11-20, von Weihnachten bis Anfang Jan tägl. 11-20 Uhr. Erw. und Kinder (ab 4 J.) € 32.* **Anfahrt:** *A 58 Ri. Eindhoven/Tilburg, Ausfahrt Tilburg Noord/ 's-Hertogenbosch/Waalwijk (A 65), Beschilderung folgen.*

Auch unter Präriehunden ist das Teilen von schmackhaften Blättern üblich

Zoo Emmen

Eine Reise durch fünf Kontinente – und das an einem Tag. Möglich ist das im Zoo Emmen, in dem es keine Zäune gibt! Die Tiere leben so natürlich wie möglich und sind durch große Gräben von den Besuchern getrennt. Die weitläufigen Areale sind thematisch in verschiedene Kontinente aufgeteilt. In der afrikanischen Savanne begegnen Ihnen Gnus, Nashörner, Strauße, Antilopen oder neugierige Giraffen. Ebenso landschaftlich toll umgesetzt wurde Nordamerika. Zwischen Nadelhölzern und Felsbrocken tummeln sich Waldbisons, Elche, Präriehunde und Kodiakbären, die in den Wassergräben auf Fischfang gehen. Auf keinen Fall sollte die Pinguinschule in Südamerika ausgelassen werden. Ein Abstecher lohnt sich auch nach Asien zu der größten Elefantenherde Europas, mit dem riesigen Elefantenbullen Radza.

Zoo Emmen: *Hoofdstraat 18, 7801 BA Emmen, Tel. +31 (0)591-85 08 52, www.zoo-emmen.de. Tägl. ab 10 Uhr (Schließzeiten je nach Saison, siehe Homepage). Erw. € 20, Kinder (3-9 J.) € 18.* ***Anfahrt:*** *A 37, Ausfahrt Holsloot, weiter auf N 34 Ri. Emmen/Groningen, dann N 381. Schildern folgen.*

science center NEMO

Hat eine Kiwi eigentlich eine DNA? Oder hat Apfelsaft mehr Vitamin C als Orangensaft? Das und vieles mehr aus der Welt der Wissenschaft und Technologie verrät das science center NEMO auf fünf Stockwerken in einem der architektonisch interessantesten Gebäude Amsterdams. Ausstellungen wie die „Kettenreaktion", die „Wasserwelt", die „Teen Facts – die Wissenschaft der Pubertät", „Bits & Co.", „H2: Zukunft Treibstoff" oder der „Maschinenpark" geben Aufschluss über das Leben auf der Erde. Im NEMO's Wonder Lab haben Kids sogar die Möglichkeit, einmal in die Haut eines Chemikers zu schlüpfen und können echte Experimente durchführen. Wer sich eher für die Geheimnisse der Schwerkraft, des Lichts oder der Elektrizität interessiert, ist in der Ausstellung über die verrückte Welt der Wissenschaft genau richtig. Kleine und große Forscher erfahren hier, warum z. B. ein Apfel zu Boden fällt oder warum ein Wollpullover knistert, wenn man ihn anzieht.

science center NEMO: *Oosterdok 2, 1011 VX Amsterdam, Tel. +31 (0)20-531 32 33, www.e-nemo.nl. Di-So 10-17 Uhr, Sommerferien u. Juni-Aug auch Mo. Erw. und Kinder (ab 4 J.) € 13,50.*
Anfahrt: *etwa 15 Gehminuten vom Hauptbahnhof oder mit dem Bus 22, 42 oder 43 bis Haltestelle „Kadijksplein".*

Von NEMOs Dach hat man auch einen tollen Panoramablick über Amsterdam

Madurodam

Die kleinste „Stadt" der Niederlande befindet sich in Den Haag. In Madurodam wurde das typisch niederländische Straßenbild wie die Grachten, stimmungsvolle Fassaden oder der St.-Johannes-Dom aus 's-Hertogenbosch bis ins kleinste Detail im Maßstab 1:25 nachgebaut. Seit nun schon 60 Jahren wächst die kleine „Stadt" stetig. Im April 2012 wurde der Park nach einer umfangreichen Modernisierung wiedereröffnet. Mittlerweile leben 66.000 „Einwohner" auf dem Gelände der Miniaturstadt. 6.000 davon jubeln wohl gerade Ajax Amsterdam im Fußballstadion zu. 140 winzige Autos legen etwa 14.000 Kilometer im Jahr auf den Straßen von Madurodam zurück, die Züge tuckern über 4.250 Meter Gleise und schaffen rund 16.000 Kilometer im Jahr. Alle Modelle, Gleise und Dekorationen werden von einem großen Team von Modellbauern hergestellt. Bis eines der Modelle, wie zum Beispiel der Amsterdamer Flughafen Schiphol, fertig nachgebaut ist, vergehen schon mal über zwei Jahre. Mit Bauzeichnungen, wie man sie bei echten großen Gebäuden kennt, macht sich das Team ans Werk. Ganz genau werden die Abmessungen an den Originalen vorgenommen und Fotos gemacht. Eine Fräsmaschine sägt die Modelle maßstabsgetreu in Form. Dekorateure und Techniker verleihen dem Gebilde schließlich liebevoll den

Hollands Fassaden in Miniaturformat

letzten Schliff. Denn die Versiegelung muss wirklich gründlich sein, schließlich stehen die Modelle mehrere Jahrzehnte unter freiem Himmel. Machen Sie sich selbst ein Bild – hier werden nicht nur Kinderaugen leuchten.

Madurodam B.V.: *George Maduroplein 1, 2584 RZ Den Haag, Tel. +31 (0)70-416 24 00, www.madurodam. nl. Tägl. ab 9 Uhr (unterschiedliche Schließzeiten je nach Saison, siehe Homepage). Erw. € 14,50, Kinder (3-11 J.) € 10,50. **Anfahrt:** von Den Haag Ri. Scheveningen Haven.*

Walibi World

Ein Freizeitpark der Superlative. Über 40 Attraktionen mit Bauchkribbel-Garantie sorgen für Spaß und Action. Die Achterbahn Goliath mit dem ultimativen freien Fall oder die El Condor, in der Sie mit baumelnden Beinen Loopings drehen, sind nur einige Beispiele der rasanten Fahrgeschäfte in Walibi World. Wem das zu wild ist oder wenn Ihre Kinder noch jünger sind, bieten sich die Kinderattraktionen wie das Kletterland an. Mögen sie Karussells, dann können sie z.B. ihre ersten Flugversuche in Jo's Stuntvlieger starten oder mit Mama eine Runde in Koa's Komischen Karretjes, kleinen Wagen mit Licht und Hupe, drehen.

Walibi World B.V.: Spijkweg 30, 8256 RJ Biddinghuizen, Tel. +31 (0)321-32 99 99, www.walibi.nl. Kernöffnungszeiten April-Mai tägl. 10-17 Uhr, spätere Schließzeiten je nach Saison, an einigen Tagen im April/ Mai/Sep/Okt geschlossen – siehe Homepage). Erw. € 31, Kinder (6-11 J.) € 28,50. *Anfahrt:* A 50, Ausfahrt Epe, weiter auf N 309 Ri. Veluwemeer bis zum Spijkweg (N 306).

Eine rasante Fahrt in der Achterbahn von Walibi World

Plitsch, platsch: Wasserspaß mit Riesenrutsche bei Duinrell im Tikibad

Ferien- und Erlebnispark Duinrell

Ein Erlebnis- und Wasserrutschenpark in einem – mit mehr als 1.000 Meter Rutschvergnügen im Tikibad und jeder Menge Fahrgeschäfte im Erlebnispark. Gerade die Sommerrodelbahn hat es in sich: Mit bis zu 50 Stundenkilometern saust man die Hügel hinunter. Für die Allerkleinsten geht es in Rick's Abenteuerburg richtig rund, wenn das große sprechende Buch Geschichten erzählt und nebenbei im Baumhaus geklettert werden darf. Ist es draußen einmal ungemütlich oder ein Gewitter zieht auf, bietet das Indoor Spielparadies Rick's Fun Factory

jede Menge Action im Trockenen. Nass wird es allerdings im tropischen Tikibad von Duinrell. Neben Kinderbecken und einem Wellenbad sorgen viele Rutschen für Geschwindigkeit, Spaß und gute Laune. Gäste des Duinrell erhalten zu bestimmten Zeiten freien Eintritt in den Erlebnispark sowie das Tikibad.

Ferien- und Erlebnispark Duinrell:
Duinrell 1, 2242 JP Wassenaar, Tel. +31 (0)70-515 52 58, www.duinrell.de. Kernöffnungszeiten Park April-Anfang Nov 10-17, Tikibad bis 22 Uhr. Erw. und Kinder (ab 4 J.) Park € 19, Tikibad Erw. ab € 13, Kinder (bis 3 J.) frei.
Anfahrt: *von Den Haag N 44 Ri. Wassenaar. Schildern „Duinrell" folgen.*

Springen und mit Wasser spritzen – die Lieblingsbeschäftigung von Delfinen

Dolfinarium

Skinny, Maaike, Nalu oder Spetter sind nur einige der Delfine, die im Dolfinarium beeindruckende Shows zeigen. Skinny ist mit 50 Jahren die Älteste im Bunde. Ihr besonderes Merkmal ist ein weißer Fleck auf der Brust und wie wohl jeder Delfin springt und tobt sie gern durchs Wasser und gibt dabei lustige Laute von sich. Ihre Seehundfreunde sind ebenfalls für jeden Spaß zu haben. Aber auch Seelöwen und Seehunde sind im größten Meeressäugetierpark Europas zu Hause. Mit viel Liebe und Leidenschaft kümmern sich die Trainer um ihre Schützlinge. Welches Kind träumt da nicht vom Beruf Tiertrainer? Während der Vorführungen kann es schon mal sein,

dass Ihre Kinder aufgefordert werden, zusammen mit den Trainern die Delfine zu füttern oder kleine Tricks auszuprobieren – aber nur wer sich auch traut. Neben den Shows gibt's jede Menge zu erleben: Im Filmtheater erfährt man, wie Delfine zu Fernsehstars trainiert werden und im Delfinbecken können Sie durch eine Scheibe fast hautnah mit den Delfinen kommunizieren, schließlich sind die Tiere neugierig, verspielt und lieben die Aufmerksamkeit.

Dolfinarium: *Strandboulevard Oost 1, 3841 AB Harderwijk, Tel. +31 (0)341-46 74 67, www.dolfinarium.nl. Mitte Feb-Anf. Nov tägl. (März Fr-So) 10-17, Juli/Aug 10-18 Uhr. Erw. € 25, Kinder (3-11 J.) € 22,50 (im August € 1 mehr).* ***Anfahrt:*** *A 28 (Amersfoort–Zwolle), den Schildern „Dolfinarium" folgen.*

Vogelpark Avifauna

Über 3.000 Vögel aus der ganzen Welt tummeln sich im Vogelpark Avifauna. Das sind rund 450 verschiedene Arten. Vom Kanarienvogel über den Pinguin bis zum Adler zwitschert und flattert hier alles, was Rang und Namen hat. Bei den Vogelshows haben Sie z. B. die Möglichkeit, australische Loris zu füttern oder einen Falken auf Ihrem Arm landen zu lassen. Ebenso spannend ist die Fütterung der Pinguine: Sie können beobachten, wie die kleinen Südpolianer pfeilschnell durchs Wasser huschen und sich ihre Fische verdienen. Oder Sie schlüpfen in die Haut einer Vogelscheuche und lassen den ein oder anderen Papageien auf Ihrem Kopf sitzen und füttern ihn mit Honig. Auf viele Fragen rund um die eleganten Federtiere finden Sie bei Avifauna Antworten: Warum Flamingos rosa sind oder welcher Vogel der kleinste der Welt ist. Ausgiebig toben können die Kids dann auf dem großen Spielplatz mit zahlreichen Spiel- und Turngeräten.

Vogelpark Avifauna: Hoorn 65, 2404 HG Alphen aan den Rijn, Tel. +31(0)172-48 75 75, www.avifauna.nl. Tägl. 9-18 Uhr. Erw. € 13,50, Kinder (3-12 J.) € 12 (im Winter die Hälfte). *Anfahrt:* A 12, Ausf. 12a, weiter Ri. Alphen a.d. Rijn (N 11), rechts auf Leidse Schouw abbiegen, weiter auf Hoorn.

Kleine Schleckermäuler: Honig mögen die Papageien wohl am liebsten

Abenteuerpark Hellendoorn

Schnell, schneller, Geschwindigkeitsrausch: Im Abenteuerpark Hellendoorn in dem gleichnamigen Ort werden Helden gesucht. Etwa 30 Attraktionen und Shows für Familien mit Kindern bis zwölf Jahre bietet der Park: Kopfstand in schwindelerregender Höhe, freier Fall aus zwölf Metern Höhe im Baumstammboot, in Montezumas Rache steht die Welt Kopf und im Discovery Club gehört Gänsehaut zum Programm. Im Piratengebiet de Haaibaai wird immer gefeiert. Klettern Sie an Bord und segeln Sie wie ein Piratenkapitän über die Weltmeere! Auch toll: Ballonkanon. Aber Vorsicht, hier sausen Wasserkugeln durch die Luft! Beschaulicher geht es im Land der Knirpse zu, einem Bereich für die jüngeren Besucher. Dieser enthält sieben Attraktionen für Kinder bis 1,20 Meter. Im Goldenen Theater treten die Figuren Kareltje und Jasmijn auf, um die Besucher mit Lachen, Tanzen und Mitmachaktionen zu begeistern. Ein Riesenspaß ist Sungai Kallimantan – wilde Fahrt im Raftingboot über Wasserfälle und durch Wellenbecken.

Avonturenpark Hellendoorn: Luttenbergerweg 22, 7447 PB Hellendoorn, Tel. +31 (0)548-65 55 55, www.abenteuerpark.nl. Ende April-Anfang Sep tägl. 10-17, Sep/Okt Sa/So 10-17 Uhr, Ende Okt für Halloween 2 Wochen tägl. 10-17 Uhr. Erw. und Kinder (ab 3 J.) € 21. Anfahrt: A 1, Ausf. Lochem, weiter auf N 332 Ri. Holten. Dann Hinweisschildern folgen.

Im Rausch der Wellen – nichts für wasserscheue Landratten

GUT ZU WISSEN

Fakten von A bis Z

Ankunft/Anreise

Am einfachsten reist man mit dem Auto an. Die Autobahnen sind gebührenfrei, nur Tunnel und Brücken kosten manchmal extra. Die Inseln sind über regelmäßige Fährverbindungen erreichbar (siehe Kapitel „Touren") und die Häfen gut angebunden an die Autobahnen. Lässt man das Auto für den Inselurlaub auf dem Festland stehen, finden sind gut bewachte Parkplätze in der Nähe der Häfen. Mit dem Flugzeug ist man noch schneller in den Niederlanden. Vor allem nach Amsterdam gibt es tägliche Flugverbindungen von vielen internationalen Flughäfen aus (www.schiphol.nl). Die Anbindung an die Flughäfen mit Auto und öffentlichen Verkehrsmitteln ist gut. Direkte Bahnverbindungen ab Berlin, Köln und München machen die Anreise mit der Bahn zu einer Alternative (www.bahn.de). Von Frankfurt aus fährt täglich bis zu sechsmal der ICE International direkt nach Amsterdam. Eine weitere Verbindung beginnt in Basel. Zwischenstationen auf deutscher Seite sind dabei u. a. Köln, Düsseldorf und Duisburg und in Holland Arnheim und Utrecht. Auch von Berlin oder Hannover sind die Niederlande einfach zu erreichen: sechs IC-Züge verbinden täglich Berlin und Amsterdam, und von Hannover aus gibt es zusätzlich noch eine Frühverbindung.

Die Holländer gelten als Volk der Camper – und wir machen es ihnen gern nach

Einreise

Für die Einreise benötigen EU-Bürger einen Reisepass oder Personalausweis, auch Kinder. Wenn Sie mit dem eigenen Auto kommen, brauchen Sie neben dem Führerschein auch den Kraftfahrzeugschein. Innerhalb der EU ist die Einfuhr von Waren zum persönlichen Verbrauch weitgehend zollfrei.

Auskunft

Vor der Reise sind Informationen erhältlich über:

**Niederländisches Büro
für Tourismus & Convention**
Postfach 27 05 80
50511 Köln
Tel. 0221-925 71 70
www.niederlande.de

Vor Ort geben die Fremdenverkehrsbüros (VVV) Auskünfte über die Attraktionen der Stadt bzw. Provinz. Sie befinden sich meist am Bahnhof oder an zentralen Plätzen und sind zu erkennen an einem blauen Schild mit drei weißen Vs.

Autovermietung

Mietwagen erhält man über die großen Mietwagenfirmen wie Sixt, Europcar, Hertz und Avis in den größeren Städten und an Flughäfen. Einige Autovermieter bieten auch Wohnmobile an. Am besten bucht man vor Reiseantritt.

Babysitter

Viele Hotels, Ferienparks und Campingplätze bieten Kinderbetreuung an, damit sich die Eltern auch einmal entspannen können. Ansonsten helfen die Touristenbüros (siehe „Auskunft").

Bahn, Bus, Fähre, Taxi

Das Schienennetz der niederländischen Bahn (Nederlandse Spoorwegen) ist sehr gut ausgebaut. Vom Verkehrsknotenpunkt Utrecht gibt es Verbindungen ins ganze Land. Die großen Städte sind mit Intercity-Zügen halbstündlich verbunden. Regionalzüge (Stoptreins) halten an vielen Bahnhöfen (www.ns.nl). In fast allen Zügen ist außerhalb des Berufsverkehrs (in der Feriensaison ohne Einschränkung) die Mitnahme von Fahrrädern in speziellen Fahrradabteilen erlaubt (Dagkaart Fiets € 6). Weitere Informationen finden Sie in der Broschüre „Fiets en Trein". Besonders an den Küsten und auf den Inseln, wo keine

OV-Chipkaart

Gegenüber der noch immer gebräuchlichen Strippenkaart setzt sich mehr und mehr die **OV-Chipkaart** für Benutzer öffentlicher Verkehrsmittel in den Niederlanden durch. Besitzer dieser Karte können im gesamten Land mit Zug, Straßenbahn, Bus und U-Bahn fahren – also das gesamte Netz öffentlicher Verkehrsmittel nutzen. Dafür checken sie sich bei Antritt der Reise an den Kartenlesern am Bahnhof ein und am Ende wieder aus. Die Chipkarten sind an den gleichen Stellen erhältlich wie die Streifenkarten und im Internet. Informationen unter www.ov-chipkaart.nl oder unter www.htm.net.

Autos erlaubt sind, ist der Busverkehr gut ausgebaut. Die Fahrkarte für Bus, Tram und U-Bahn ist im ganzen Land die Strippenkaart (Streifenkarte). In Den Haag, Amsterdam, Rotterdam und Utrecht gilt die Fahrkarte auch für den Zugverkehr. Vor Antritt der Fahrt muss man die Karte im Automaten oder beim Fahrer entwerten. Sie ist erhältlich in Bahnhöfen, an Kiosken, in Postämtern und in den VVV-Büros. Regelmäßige Fährverbindungen bringen die Reisenden auf die Inseln. Die Tickets sind in der Regel direkt am Schalter zu kaufen. Taxifahrten sind in den Niederlanden teurer als in Deutschland, und die Preise sind oft Verhandlungssache. An vielen

Bahnhöfen stehen Treintaxis (Sammeltaxis), bei denen man sich die Fahrt vom und zum Bahnhof zu einem Festpreis mit anderen Fahrgästen teilt. Allerdings lohnt sich das nicht für Familien, da der Preis pro Person gilt. Die Fahrten muss man reservieren.

Camping

Das Land der Wohnwagenliebhaber ist mit ca. 1.000 Campingplätzen gut ausgestattet. Ein ausführlicher Campingführer ist über den niederländischen Automobilclub ANWB erhältlich (www.anwb. nl). Auf vielen Campingplätzen befinden sich Trekkershutten (Wanderhütten) mit schlichter Einrichtung für bis zu vier Personen. Sie bieten Wanderern oder Radfahrern für maximal drei Nächte Übernachtungsmöglichkeiten (www. trekkershutten.nl).

Diplomatische Vertretung

Botschaft der Bundesrepublik Deutschland
Groot Hertoginnelaan 18-20
2517 EG Den Haag
Tel. +31 (0)70-342 06 00
www.den-haag.diplo.de
Generalkonsulat der Bundesrepublik Deutschland
Honthorststraat 36-38
1071 DG Amsterdam
Tel. +31 (0)20-574 77 00
www.duitse-ambassade.nl

Fahrradverleih

In den Niederlanden gibt es ein breites Angebot an Fahrradverleihern (Fietsverhuur). An den größeren Bahnhöfen wird's beim Vorzeigen einer Fahrkarte oft günstiger. Neben Damen-, Herren-

Die Niederländer sind leidenschaftliche Fahrradfahrer

sowie Kinderfahrrädern sind Anhänger für Kinder, Bollerwagen und Kindersitze erhältlich. Ein Fahrrad bekommt man ab ca. € 6/Tag. Bei einer Panne hilft eine Fahrradwerkstatt des ANBW, die überall, auch in kleineren Orten, zu finden ist. Achtung: Räder immer gut anschließen, da Langfinger leider oft unterwegs sind!

Feiertage & Gedenktage

An den offiziellen Feiertagen bleiben die Geschäfte, bis auf Karfreitag, meist geschlossen. Einige Geschäfte öffnen inzwischen auch am Ostermontag und Pfingstmontag. Feiertage sind:
1. Januar: Neujahr
Karfreitag, Ostermontag
30. April: Koninginnedag (Nationalfeiertag)
4. Mai: Dodenherdenking (Gedenktag für die Opfer des Zweiten Weltkriegs)
5. Mai: Bevrijdingsdag (alle fünf Jahre offizieller Feiertag zum Gedenken an die Befreiung von der deutschen Besatzung)
Christi Himmelfahrt, Pfingstmontag
1. und 2. Weihnachtsfeiertag

FKK

Vor allem in größeren Badeorten gibt es Nacktbadestrände. Nähere Informationen sind erhältlich bei der Nederlandse Federatie voor Naturistenverenigingen (NFN) unter www.nfn.nl.

Fundbüro

Auf Bahnhöfen werden Fundsachen fünf Tage gelagert, bevor sie zur Aufbewahrung nach Utrecht kommen (Centraal Bureau Gevonden Voorwerpen, Tel. +31 (0)235 49 35). Dort lagern sie maximal drei Monate. Ansonsten gibt es die städtischen Fundbüros der Polizei.

Schlammiges Vergnügen: Wattwandern (wadlopen) an der Nordsee

Gezeiten

An der Nordsee herrschen Ebbe und Flut, darauf muss man achten, wenn man an die See fährt und Strandurlaub macht. Für die Gezeiten (Tiden) verantwortlich sind die Anziehungskräfte, mit der die Erde auf den sie umkreisenden Mond wirkt. Denn durch diese Anziehungskräfte, die nicht an jeder Stelle der Erde gleich wirken, steigt das Wasser und bildet einen Flutberg. Zweimal am Tag zieht sich das Wasser an der Küste zurück und steigt dann wieder an. Da die Erde, die in 24 Stunden einmal um sich selbst kreist, sich unter diesem Flutberg hindurch bewegt, denken wir, das Meer würde steigen. Wenn Sonne, Mond und Erde in einer Linie zueinander stehen, gibt es einen höheren Flutberg (sog. Springflut), stehen sie rechtwinklig zueinander, handelt es sich um eine Nipptide.

Klimatabelle

	Jan	Feb	März	Apr	Mai	Juni	Juli	Aug	Sept	Okt	Nov	Dez
Wassertemperaturen in °C	3	3	6	10	13	16	19	19	16	11	7	4
Lufttemperaturen / min (in °C) / max	1 / 4	1 / 5	3 / 8	6 / 11	10 / 16	13 / 18	15 / 21	15 / 20	13 / 18	9 / 13	5 / 8	2 / 5
Sonnenschein (in Std.) täglich	2	3	4	5	7	7	7	6	5	3	2	2
Niederschlag (Tage/Monat)	6	5	4	5	6	5	7	7	7	7	7	7

Klima & Reisezeit

Durch die Meerlage herrscht in den Niederlanden ein gemäßigtes Klima mit kühlem Sommerwetter und mildem Winterwetter. Die beste Reisezeit ist von Mai bis September, dann sind die Temperaturen am angenehmsten. Hochsaison ist im Juli und August. Dann herrschen angenehme Temperaturen von 20 Grad. An den Küsten ist die Sonnenscheindauer höher als im Binnenland. Doch Eltern sollten gerade hier an etwas Warmes zum Überziehen für die Strandmäuse denken, da oft ein recht frischer Wind weht.

Kurtaxe

Wer an der Küste Urlaub macht, muss Kurtaxe bezahlen. Sie liegt am Tag bei € 1-2 pro Person und wird in der Regel von den Vermietern abgezogen.

Medizinische Versorgung

Grundsätzliche Informationen hierzu finden Sie im Kapitel „Was Eltern wissen sollten" (ab S. 10). Zu erkennen sind die Krankenhäuser an einem weißen H auf blauem Grund. Über die ADAC-Notrufzentrale in München erhalten Sie unter Tel. 089-76 76 76 schon vor Reiseantritt Informationen über deutschsprachige Ärzte in der Nähe Ihres Reiseziels.

Medien

In Hotels und Pensionen werden über Kabel die meisten deutschen Sender empfangen. Neben den großen Tageszeitungen wie FAZ und Süddeutsche, den Wochenmagazinen wie Spiegel und Zeit, sind auch viele Illustrierte zu finden.

Notruftelefonnummern

Polizei, Feuerwehr und Krankenwagen: 112
Ärztlicher Notdienst:
0900-503 20 42
ADAC: 0592-39 05 60
Niederländischer Automobilclub ANWB:
0800-08 88

Öffnungszeiten

Die Geschäfte sind meist dienstags bis freitags von 9 bis 18 Uhr, samstags von 9 bis 17 Uhr und montags ab 13 Uhr geöffnet. Am Donnerstag und Freitag haben viele Läden bis 21 Uhr geöffnet (Koopavond). Supermärkte öffnen montags bis samstags von 8 bis 17 Uhr, größere Märkte bis 21 Uhr. In Touristenorten können die Urlauber zusätzlich in der Saison sonntags einkaufen. Hier gibt's auch die Avondwinkel, die bis 24 Uhr geöffnet sind. Banken haben folgende Öffnungszeiten: Mo 13-16, Di-Fr 9-16 Uhr.

Organisierte Ausflüge

Tagesausflüge, Inselrundfahrten, Radtouren, Wattwanderungen, naturkundliche Exkursionen für Kinder und Familien werden von vielen Initiativen vor Ort und den Besucherzentren der Nationalparks angeboten. Auskünfte bieten die lokalen VVV-Büros. Außerdem organisieren viele Ferienparks Ausflüge.

Sprache

Klar – in den Niederlanden sprechen die Menschen Niederländisch, das sich übrigens aus dem Niederfränkischen ableitet. Darüber hinaus gibt es aber in der Provinz Friesland eine offizielle Zweitsprache: das Friesische. Immerhin 400.000 Friesen sprechen die westgermanische Sprache ihrer vermutlich aus Jütland stammenden Vorfahren heute noch. Das stolze Volk, das seine Unabhängigkeit durch die Jahrhunderte gegen allerlei Mächte zu behaupten versuchte, bewahrt seine Traditionen nicht nur sprachlich (Friesisch wird an den Schulen gelehrt), sondern sogar durch eine eigene Flagge!

Sprachführer NL-DE

Allgemein

moeder, vader – Mutter, Vater
jongen – Junge
meisje – Mädchen
familie – Familie
Hallo!/Hoe gaat het? – Hallo?/Wie geht's?
Dank u wel (bedankt), goed – Danke, gut.
Spreekt u Duits? – Sprechen Sie Deutsch?
..., alstublieft – ..., bitte
Dank u wel! – Danke!

Gibt es in allen Größen: Klompen sind beliebte Souvenirs

Goedendag! – Guten Tag!
Goedenavond! – Guten Abend!
Goedenacht! – Guten Nacht!
Tot ziens! – Auf Wiedersehen!
Dag! – Tschüs!
Pardon! – Entschuldigen Sie!
Geeft niet! – Macht nichts!
Ik heet ... – Ich heiße ...
Hoe heet jij? – Wie heißt du?

Im Restaurant
Wilt u voor ons een tafel voor vier personen reserveren? – Reservieren Sie uns
bitte einen Tisch für vier Personen.
Kunt u mij alstublieft de menukaart? –
Die Karte, bitte!
ontbijt – Frühstück
lunch – Mittagessen
avondeten – Abendessen

Heeft u ...? – Haben Sie ...?
Ik had graag ... – Ich möchte ...
het zout, de peper – Salz, Pfeffer
broodje – Brötchen
brood – Brot
friet/patat – Pommes frites/Fritten
gebakken aardappelen – Bratkartoffeln
roerei – Rührei
gemengde sla – gemischter Salat
zwarte koffie – schwarzer Kaffee
koffie verkeerd – Milchkaffee
een glas ... – ein Glas ...
bronwater – Mineralwasser
met/zonder koolzuur –
mit/ohne Kohlensäure
melk – Milch
appelsap – Apfelsaft
verse sinaasappelsap –
frisch gepresster Orangensaft

Was darf's sein: „verse sinaasappelsap" oder „koffie verkeerd"?

bier/pilsje – Bier/Pils
wijn – Wein
De rekening, alstublieft! –
Die Rechnung, bitte!

Einkaufen

Waar vind ik, alstublieft ...? – Wo finde
ich, bitte ...?
Hoeveel kost ...? – Was kostet ...?
Waar vindt men ...? – Wo findet man ...?
een kilo – ein Kilo
meer – mehr
genoeg – genug
ijs – Eis
apotheek – Apotheke
bakkerij – Bäckerei
station – Bahnhof
supermarkt – Supermarkt
slagerij – Fleischerei
viswinkel – Fischgeschäft
markt – Markt
bank – Bank
post – Post

Unterwegs

Waar is ...? – Wo ist ...?
Hoeveel kilometer is het naar ...?
Wie viele Kilometer sind es bis ...?
het toilet – die Toilette
rechtdoor – geradeaus
de benzinepomp – Tankstelle
dokter – Arzt
de VVV (toeristische informatie) –
Tourismusinformation
garage – Werkstatt
snelweg – Autobahn
provinciale weg – Landstraße
stad – Stadt
het dorp – Dorf
het strand – Strand
zee – Meer
meer – Binnensee

zwembad/pool – Schwimmbad/ Pool
vakantie – Ferien
auto – Auto
trein – Zug
bus – Bus
halte – Station, Haltestelle
heen- en terugreis – Hin- und Rückfahrt
Kunt u mij alstublieft helpen? –
Können Sie mir helfen?

Zahlen

Nul – 0
Een – 1
Twee – 2
Drie – 3
Vier – 4
Vijf – 5
Zes – 6
Zeven – 7
Acht – 8
Negen – 9
Tien – 10
Honderd – 100
Duizend – 1.000

Telefon & Porto

Wer von den öffentlichen Telefonzellen
aus zu Hause anrufen möchte, braucht
eine Telefonkarte (Telefoonkaart), die
in den Postämtern, Kiosken oder an
den Bahnhöfen erhältlich ist. Mobiltele-
fongespräche sind meist teurer, da der
heimatliche Netzbetreiber automatisch
ein Partnernetz im Ausland wählt, das
nicht das günstigste sein muss. Am
besten informiert man sich vor Anreise
beim Anbieter über die Roaming-Tarife.
Vorwahl für Deutschland: 0049. Die
Postämter sind von Montag bis Freitag
von 9 bis 17 Uhr geöffnet, samstags bis
12 Uhr. Standardbriefe und -postkarten
müssen mit 77 Cent frankiert werden.

Tiere

Hunde und Katzen benötigen einen EU-Pass für die Einreise. In den einzelnen Orten werden Leinenpflicht und Strandverbot sehr verschieden geregelt. So dürfen in Bergen aan Zee, Zandvoort und Katwijk Hunde vom Frühling bis Oktober tagsüber gar nicht an den Strand. In Cadzand und auf Texel in Zeeland sind Hunde am Strand gestattet, sofern sie an der Leine gehen. Noordwijk wiederum verbietet Hunde von Anfang Mai bis Ende September komplett an den Stränden vor den Boulevards. Der südlichste Strand in Noordwijk am Ende des Koningin Astrid Boulevard ist dagegen ohne Einschränkungen für die Vierbeiner frei gegeben. Der dort gelegene Strandpavillon ist eine der wenigen Gaststätten, wo Hunde gern gesehen sind (siehe S. 27). Weitere Infos finden Sie bei den VVV-Büros oder unter www.niederlande.de.

Einen wunderschönen Hundestrand gibt es in Noordwijk

Trinkgeld

Obwohl in der Rechnung das Trinkgeld inbegriffen ist, wird üblicherweise in Restaurants, beim Friseur oder im Taxi ein Trinkgeld von 10 bis 15 Prozent gegeben. Das Personal in den Toiletten erwartet ca. 25 Cent.

Unterkünfte

Die Niederlande eignen sich für Individualurlauber, aber auch Pauschalangebote für Familien mit Kinderbetreuung und guter Ausstattung für den Familienurlaub finden sich. Viele Unterkünfte nehmen einen Reservierungszuschlag, Ferienparks und Häuser darüber hinaus eine Kaution. Haustiere sind in den Hotels meist nicht erlaubt, in Ferienhäusern oft auf Anfrage, auf Campingplätzen meist gegen einen Aufschlag. Die VVV-Büros vor Ort bieten gegen Gebühr Info- und Preisbroschüren sowie Reservierungen an. Im Voraus kann auch über www.niederlande.de reserviert werden (siehe S. 99). Ein besonderes Angebot sind die Arrangements des „Inselhoppings" zwischen den Inseln im Wattenmeer. Im Folgenden stellen wir Ihnen einige besonders familienfreundliche Unterkünfte vor.

Ferienparks

Typisch niederländisch ist der Urlaub in den Ferienparks. Für Familienurlaub sind diese Unterkünfte ideal, da sie besonders kinderfreundlich ausgestattet sind und Kinderbetreuung anbieten. Andere Anbieter stellen Unterkünfte an ungewöhnlichen Orten zur Verfügung: in Mühlen, auf Hausbooten, in Schlössern etc. Einige der schönsten Ferienparks sind:

Mit einem Hausboot können Sie durch Wasserläufe, Schleusen und Grachten fahren

Stayokay Hostels

Tel. +31 (0)20-551 31 55,
www.stayokay.com.
Die 28 niederländischen Stayokay
Hostels bieten preisgünstige Übernach-
tungen an inklusive Frühstück. Auf
Wunsch gibt es auch Lunchpakete und
Abendbrot. Wer den Internationalen
Jugendherbergsausweis vorweist, erhält
einen Rabatt. Besonders ausgefallen:
Übernachten im Schloss Domburg/
Westhove (Zeeland), im Schloss Heems-
kerk/Assumburg (Noord-Holland) oder
auf einem Gut in Scheemda (Groningen).

Erfgoed Logies Nederland

Brigitte Bormans, Valeriusstraat 40b,
1071 MK Amsterdam, Tel. +31 (0)20-
671 54 60, www.erfgoedlogies.nl.

Sein eigenes Boot steuern

*Eine besondere Attraktion vor
allem für die Kleinen ist es,
mit dem **Hausboot** durch die
Wasserarme der Niederlande
zu tuckern. Es wird dabei nie
langweilig, denn das Bootsleben
muss organisiert werden, man
fährt durch Schleusen und,
und, und ... Ein Motorboot-
führerschein ist in der Regel
nicht erforderlich. Mit der
Handhabung ist man schnell
vertraut, da man vorab eine
intensive Einführung erhält.
Anbieter finden Sie auf
www.niederlande.de.*

Erfgoed Logies bieten Übernachtungen in großzügigen Herrenhäusern und Landgütern an. Der Schwerpunkt liegt auf Unterkünften für zwei Personen, doch auch größere Häuser, die besonders kinderfreundlich eingerichtet sind, sind hier vertreten.

Hof van Saksen

Veldweg 22-24, 9449 PW Nooitgedacht (Drenthe), Tel. +31 (0)592-24 59 59, www.hofvansaksen.de. Ganzjährig geöffnet. Sächsisches Bauernhaus für 4 Pers. ab € 405/Wochenende, ab € 675/7 Nächte.

Das nahezu autofreie Resort bietet pure Erholung u. a. in luxuriösen Bauernhäusern (mit Kamin) im sächsischen Stil. Für die Eltern: Spa- und Wellnessbereich. Für die Kinder: Betreuung, Spielparadies, Kletterturm, Bowlingbahn, Tret-Gokart-Bahn, Bogenschießen, Floß- und Hüttenbau, Fledermaussafari. Außerdem: Schwimmbad, Fahrradverleih, Supermarkt, DVD-Verleih und Restaurants.

Camp Silver

Eendenkooiweg 2, 1794 GA Oosterend (Texel/Noord-Holland), Tel. +31 (0)222-31 85 71, www.campsilver.nl; Ende März-Ende Okt. Pro Pers./Nacht ab € 80 inkl. Frühstück.

Auf dem Campingplatz Camp Silver stehen acht eigens für diesen Platz konzipierte US-amerikanische Airstream Caravans im retro-futuristischen Design der 1930er-Jahre. In einem Wagen können es sich zwei Personen gemütlich machen.

Texel Yurts

De Ruyterstraat 36, 1792 AH Oudeschild (Texel/Noord-Holland), Tel. +31 (0)222-32 21 00, www.texelyurts. nl. Ende März-Ende Okt. 2 Nächte ab € 295 (2 Pers.), € 325 (4 Pers.).

Wohnen wie die Mongolen – in einem original mongolischen Steppenzelt mit Küchenzeile, Holzherd, Kühlbox, CD-Spieler, Außensanitäranlagen. Gutes Raumklima in jeder Saison ist gewährleistet dank verschiedener Isolierschichten.

Camping direkt am Meer ist in Kortgene in Noord-Beveland möglich

Camping Geversduin

Beverwijkerstraatweg 205, 1901 NH
Castricum (Nord-Holland), Tel. +31
(0)251 66 10 95, www.kennemerduin
campings.nl. Ende März-Ende Okt.
Platz ab € 28,50/Nacht für 2 Pers.,
Zelthäuschen ab € 149/Wochenende,
Hobbitwohnung ab € 365/3 Nächte
für 4 Pers.

Wohnen wie die Hobbits ist auf dem
nahe der Nordsee gelegenen Campingplatz Geversduin möglich. Die unter
einem Erdhügel versteckte Wohnung
ist knuffig rund (runde Fenster, runde
Türen etc.) und bietet mit Fußbodenheizung, gut ausgestatteter Küche, Dusche
und Toilette und einer gemütlichen Sitz-
ecke tollen Komfort für eine vierköpfige
Familie. Sollte die einzige Wohnung
schon belegt sein, bietet der Platz mit
Strandhaus, Campingbungalow und
Zeltplatz vielfältige andere Schlafmög-
lichkeiten. Mit Schmetterlingsgarten,
Erlebnispfad und Wasserspielplatz hat
Geversduin vor allem für die kleinen
Gäste tolle Attraktionen.

Camping und Villapark de Paardekreek

Havenweg 1, 4484 NT Kortgene
(Noord-Beveland/Zeeland), Tel. +31
(0)113-30 20 51, www.paardekreek.
nl. Ende März-Ende Okt. Camping:
ab € 18,50/ Nacht für 2 Pers. u. Auto,
Kinder bis 2 J. gratis, Villa ab € 390/7
Nächte, Hausboot € 180/3 Nächte.

Der Park liegt direkt am Veerse Meer und
bietet von Campingplatz über Villenpark,
Hausboote, einfache Zimmer, Hafenhaus,
Wanderhütte und Chalet verschiedene
Unterkünfte an. Außerdem: Restaurant,
Supermarkt, überdachtes Planschbecken,
Spielplatz mit Trampolin, Segelschule,
Animationsprogramm, Tennis, Beachvol-
leyball, Basketball. Auf dem Campingplatz
gibt es Kindersanitäreinrichtungen und
Familienbadezimmer. Das Hausboot ist
für acht Personen geeignet (drei Nächte
Mindestmietdauer).

Strandhuisjes Nollestrand

L. J. van Nieuwenhuyzen, Burg. van
Woelderenlaan 1, 4382 CL Vlissingen
(Zeeland), Tel. +31 (0)118-47 03 86,
www.slaapstrandhuisje.nl. Ende April-
Ende Sep. Wochenende pro Haus ab
€ 310, Woche ab € 550.

Schlafen direkt unter Blauer Flagge am
Nollestrand. Die luxuriös eingerichteten
Häuser mit zwei Zimmern am Strand
von Vlissingen sind komplett eingerich-
tet für sechs Personen mit Dusche und
Küche.

Roompot Beach Resort

Mariapolderseweg 1, 4493 PH Kam-
perland (Zeeland), www.roompot
parks.de. Ende März-Ende Okt;
2 Nächte ab € 130.

Auf einem Feld im luxuriösen Fünf-
Sterne-Park am familienfreundlichen
Strand der Oosterschelde stehen fünf
Wigwams für den etwas anderen Urlaub.
Die indianischen Unterkünfte sind
aus Holz gebaut und ausgestattet mit
Küche und Gasherd für vier Personen.
Auf dem Campingplatz nebenan stehen
Sanitärräume mit Fußbodenheizung zur
Verfügung (mit Babyraum). Den Gästen
steht das Angebot des Ferienparks u. a.
mit subtropischem Schwimmparadies
(gratis), Kinderanimation, Spielplätzen,
Fahrrad- und Bollerwagenverleih und
vielen Sportmöglichkeiten offen.

Campingplatz De Hertshoorn

Putterweg 68-70, 3886 PG Garderen (Gelderland), Tel. +31 (0)577-46 15 29, www.hertshoorn.nl. Anfang April-Ende Okt. Baumzelt für 2 Erw. u. 2 Kinder € 55/Nacht.

Auf dem autofreien Campingplatz stehen die Zelte nicht etwa auf dem Boden, sondern hängen in den Bäumen. Die kugelförmigen Zelte bieten max. zwei Erwachsene und zwei Kindern Platz und sind über Leitern erreichbar. Eigenes Bettzeug muss mitgebracht werden. Auf dem Gelände befinden sich ein Wasserspielplatz, ein Frei-/Hallenbad sowie ein Streichelzoo.

Mühle De Verrekijker

Molenweg 53, 6617 BC Bergharen (Gelderland), buchbar bei Belvilla (Tel. 0800-182 60 13, www.belvilla. de). 7 Nächte ab € 1.460.

Diese authentische, gemütlich eingerichtete Mühle liegt inmitten des reizvollen Gebiets zwischen Maas und Waal: sechs Schlafzimmer für maximal zwölf Personen, zwei Badezimmer, zwei Küchen mit moderner Ausstattung, großer Garten, Waschmaschine und Trockner, Kinderbett und Hochstuhl.

Ferien- und Erlebnispark Duinrell

Duinrell 1, 2242 JP Wassenaar (Zuid-Holland), Tel. +31 (0)70-515 52 55, www.duinrell.nl. Duingalows ab € 295/7 Nächte, Baby-Duingalow ab € 376/7 Nächte, Duinhostel (Ende März-Ende Okt) 5-Bett-Zimmer ab € 150/Nacht, Camping Kinder (bis 3 J.) gratis, pro Pers./Nacht ab € 10,25, Sommer € 11,25 (zzgl. Stellplatzgebühren).

Der Ferienpark liegt im Wald- und Dünengebiet von Wassenaar und bietet Urlaub im Bungalow, Hostel oder auf dem Campingplatz mit Restaurant und Supermarkt. Einige der „Duingalows" (Terrasse, Küche, Wohn-, Schlaf- und Badezimmer) sind speziell für Familien mit Baby eingerichtet und bieten zusätzlich Kinderbett, Kinderstuhl, Laufstall, Wickelkommode und Babywanne. Im ehemaligen Kutschenhaus stehen im Duinhostel 19 Zimmer zur Verfügung. Am Rande vom Dünengebiet auf dem Campingplatz sind Komfortstellplätze neu eingerichtet. Außerdem: Sonderkonditionen für den Erlebnispark und das Tikibad (siehe S. 93), ein Animationsprogramm für Kinder sowie Sportangebote.

Verkehr

Die großen Städte sind durch Autobahnen (Snelweg) gut verbunden (max. 120 km/h). Auf Schnellstraßen (Autoweg) dürfen Sie höchstens 100 km/h, auf Landstraßen (Provinciale Weg) 80 km/h und innerhalb von Ortschaften 50 km/h fahren. Kinder bis 12 Jahre müssen auf der Rückbank sitzen. Bei Pannen hilft der niederländische Automobilclub ANWB ADAC-Mitgliedern kostenlos. Parkgebühren in den Großstädten können sehr teuer sein, wenn man nicht die kostengünstigen Angebote von P+R-Plätzen am Stadtrand nutzt. Parkverbot gilt bei gelb oder schwarz-weiß markierten Straßenrändern. Bei Verstößen haben Sie schnell eine Parkkralle am Auto. Achtung Autofahrer: In den Niederlanden müssen Sie immer und überall mit Radfahrern rechnen! Für Radfahrer ist das Land mit den separaten Fahrradspuren eine Wonne.

Einkaufen & Mitbringsel

Klompen

Die Klompen – Holzschuhe made in Holland – erleben eine ungeahnte Renaissance, seit sie von der EU als Arbeitsschuhe mit Gütesiegel ausgezeichnet wurden. Nicht nur Arbeiter, Metzger und Bauern laufen in den praktischen Schuhen umher, die im Winter wärmen und im Sommer kühlen und den Schweiß aufnehmen. Es gibt inzwischen so witzige Designs, dass jeder einen passenden Schuh findet: Nike-Air-Holzschuh oder Cowboystiefel-Holzschuh, der elegante Klompen-Herrenschnürschuh oder die attraktiven Klompen-Pumps sowie der gemütliche Pantoffel aus weichem Stoff im Klompen-Look. Unvermeidlich sind Klompen-Souvenirs wie Schlüsselanhänger, Flaschenöffner, Sparbüchse oder Nistkästen für Vögel in Klompenform. In vielen Werkstätten kann man dem Klompenmaker über die Schulter schauen und direkt vor Ort einkaufen, so beispielsweise in der Provinz Overijssel.

Bequemer als man denkt: Klompen gibt es in allen Farben und Formen

Delfter Keramik

Die Niederlande sind berühmt für ihr „Delfts Blauw". Dabei gründet sich der Ruhm der exklusiven Töpferware auf eine Nachahmung des chinesischen Porzellans, das Anfang des 17. Jahrhunderts dem alten niederländischen Steingut Konkurrenz machte. Um mithalten zu können, erfand man in Delft das Delfter Blau. Es besteht zwar „nur" aus einem Tongemisch und ist somit eigentlich kein Porzellan, aber die Qualität und handgemalten Motive im typischen Blau erlangten Weltruhm. Eine Tulpenvase in einem der zahlreichen Geschäfte in Delft kann schon mal € 2.000 kosten. Heute gibt es noch acht Manufakturen, die echtes „Delfts Blauw" herstellen. Neben den traditionellen Motiven in Blau sind inzwischen auch andere Designs zu haben. Die Delfter „Koninklige Porceleyne Fles"-Manufaktur ist die einzige erhaltene Fabrik aus dieser Zeit, sie besteht seit über 350 Jahren. Wer sich selbst in der Kunst versuchen oder den Meistern über die Schulter schauen möchte, kann an Führungen und Workshops teilnehmen [Rotterdamseweg 196, 2628 AR Delft, Tel. +31 (0)15- 251 20 30, www.royaldelft. com. Tägl. 9-17 Uhr (Nov-März So geschl.). Erw. € 8, Kinder (bis 12 J.) frei]. Der Name „Delfts Blauw" ist nicht geschützt, daher sollte man genau schauen, worin man sein Geld investiert.

Tulpen sind seit dem späten 16. Jh. Lieblingsblumen der Niederländer

Tulpen – das niederländische Gold

*Die **Tulpe**, das Markenzeichen der Niederländer, stammt ursprünglich aus Asien. Zu ihrem Namen ist die Tulpe gekommen, weil ihre Blüte einem Turban (persisch: dulband) ähnlich sieht. In den Niederlanden wurden die Zwiebeln im 16. Jahrhundert zum luxuriösen Handelsobjekt (siehe S. 8).*

Blumenzwiebeln

Tulpen gehören zu den Niederlanden wie das Wasser. Und so liegt es nahe, dass sich der einzige schwimmende Blumenmarkt der Welt in den Niederlanden befindet, in Amsterdam in der Singelgracht (siehe S. 35). Glücklicherweise sind die Tulpenzwiebeln heute erschwinglicher als noch vor 400 Jahren (siehe Kasten S. 8). Man erhält Tulpen- und andere Blumenzwiebeln im Gartencenter und auf Märkten, wobei die Blumenmärkte teurer sind als die Wochenmärkte. Biologisch gezüchtete Zwiebeln erkennt man an dem Gütesiegel EKO, das alle biologischen Produkte im Land erhalten. Wer Schnittblumen oder Zwiebeln mitnehmen möchte, sollte darauf achten, dass sie über ein offizielles Gesundheitszertifikat verfügen.

Regionale Kulinaria

In Noord-Holland ist der nach alter Tradition geräucherte IJsselmeer-Aal aus Volendam über die Regionengrenze ein Begriff. Auf der Insel Texel gehören Lammspezialitäten wie Lammsalami und -schinken zu den Delikatessen. Hochprozentigere Mitbringsel sind Liköre und Kräuterbitter wie der Beerenburger Kräuterschnaps aus 71 Kräutern und der berühmte Wacholderschnaps Genever. Für Süßmäuler sind dagegen Heide- und Strandfliederhonig, Dropjes (Lakritz) in allen möglichen Geschmacksrichtungen, Schokolade und Pralinen aus Maastricht, Haagser Hopjes (Karamellbonbons) und die Zeeuwse Babbelaars (siehe S. 76) aus Zeeland unwiderstehlich. Am besten kauft man ländliche und regionale Produkte in Geschäften, die sich auf regionale Spezialitäten eingerichtet haben. Hier wie auf den Wochenmärkten erhalten Sie auch Bioprodukte.

Käse

Früher brachte Frau Antje den Käse aus Holland, heute nehmen sich die Käseliebhaber selbst oft ein Stück Genuss mit nach Hause.

Die Niederlande gehören zu den größten Käseherstellern in Europa. Die meisten niederländischen Käsesorten sind Hart- oder Schnittkäse aus Kuhmilch. Ziegen- und Schafskäse sind aber auch sehr beliebt. Neben den allgemein bekannten Sorten Edamer und Gouda lohnen sich auch so schmackhafte Sorten wie Leidse Kaas mit Kreuzkümmel oder der Friese Nagelkaas mit Gewürznelken und Kreuzkümmel. Maasdamer wird auch gern „holländischer Emmentaler" genannt, weil er fast nur aus Löchern besteht. Als Faustregel für Hartkäse gilt: Je älter der Käse desto pikanter, salzhaltiger, aber auch teurer ist er. Der Käsemarkt in Alkmaar ist der älteste Käsemarkt der Niederlande (siehe S. 63), aber auch der in Edam ist sehenswert.

Geschäfte per Handschlag: Käsemarkt in Edam

Märkte und Bradereeën

Ob überdacht, open air oder auf dem Wasser – das Angebot an Wochen-, Käse-, Blumen-, Antiquitäten- und Flohmärkten ist vielfältig. Vor allem Amsterdam und Maastricht sind für ihre Kunstgalerien und Antiquitätenmärkte bekannt. Hier erhält man neben Kuriositäten aus der ganzen Welt Möbel, Glas, Porzellan, Schmuck, Gold- und Silberwaren, Bücher und nautische Instrumente. Schnäppchenjäger sollten sich allerdings nicht zu große Hoffnungen machen. Für gute Laune sorgen Braderieën (Straßenfeste), die mit Buden, Musik und Konzerten eine Mischung aus Volksfest und Markt darstellen. Ein Erlebnis ist in Beverwijk der Beverwijkse Bazaar, größter überdachter Flohmarkt Europas. Hier buhlen am Wochenende 300 Stände und Läden mit allerlei Angeboten wie Teppichen, Fahrrädern, Gewürzen und Kleidung um die Kunden. Für das leibliche Wohl sorgen fernöstliche Spezialitäten.

Schräg und luxuriös

Mode, Schmuck, Möbel – die Niederländer lieben es ausgefallen und flippig: Toaster mit buntem Blümchenmuster oder eine Lampe im Vintagelook aus ausgehöhlten Kürbissen fürs Kinderzimmer – alles ist zu haben. Das bekannte „Dutch Design" schafft Accessoires, Möbel und Leuchten aus Gebrauchsgegenständen wie z. B. Abfallholz, Glasfasern oder Wrackteilen. Luxuriös könnte man mit einem schmucken Diamanten mit dem berühmten Amsterdamer Schliff dagegenhalten – sofern die Reisekasse mitspielt.

Mitbringsel für Familien

Gerade für Familien gibt es viele besondere Andenken oder Geschenke. Über die typisch holländischen Leckereien, z. B. Gevulde Koeken (mit einer Marzipanfüllung gefüllte Kekse) oder Stroopwafels (Sirupwaffeln), freuen sich auch die daheimgebliebenen Freunde. Für das holländische Frühstück zu Hause müssen Vla, Hagelslag und Chocomel mit. Außerdem: Kinderbücher mit der Figur Miffy (in Holland: Nijntje genannt), Kindersachen von HEMA und selbst gesammelte Souvenirs vom Strand wie Haifischzähne aus Cadzand, Muscheln und echter Nordseesand. Für das Holland-Gefühl: Poffertjespfanne und eine Fahrradtasche (da in Holland oft günstiger und vielfältiger).

Festkalender

Januar/Februar: Vergnügen bei Kälte

Beim **Nieuwjaarsduik** (Neujahrsschwimmen) am 1. Januar rennen in Scheveningen die Massen in die eiskalte Nordsee. In Amsterdam macht das chinesische Neujahrsfest um den Nieuwmarkt mit Musik, Buden und Löwentanz Laune. Beim Apeldoorn Midwinter Marathon Anfang Februar tasten sich die Laufverrückten bei 42, 27, 18 oder acht Kilometern an die Saison heran. Dabei geht's u. a. durch den Nationalpark.

Mitte März: Keukenhof

Ab Mitte März bietet der **Keukenhof** für zwei Monate allerlei Blütenpracht.

Während die Eltern die sieben Millionen Blumenzwiebeln auf dem 32 Hektar großen Gelände bestaunen, nehmen die Kleinen an der Schnitzeljagd Bollebozen-Route durchs Gelände teil (Broschüre am Infoschalter des Parks), verirren sich im Labyrinth, toben sich an Klimm- und Klettergerüsten aus oder kommen den Keukenhof-Tieren näher. Zum 60-jährigen Bestehen des Parks und Jubiläum der Stadt New York wurde 2009 ein Blumenmosaik der Freiheitsstatue aus über 25.000 Blumenzwiebeln sowie eine amerikanische Themenroute angelegt [Mitte März-Mitte Mai tägl. 8-19.30, Einlass bis 18 Uhr. Erw. € 14,50, Kinder (4-11 J.) € 7, Parkgebühr € 6, www.keukenhof.nl].

Der Keukenhof in Lisse (Zuid-Holland) ist gerade im Frühling eine Reise wert

30. April: Koninginnedag/ Nationalfeiertag

König Beatrix hat im Winter Geburtstag, gefeiert wird im Frühling. Da ihre Amts- übernahme am 30. April 1980 direkt auf den Geburtstag ihrer Mutter fiel, feiern die Niederländer den **Koninginnedag** gleich doppelt. Trödelmärkte, Musik, Straßentheater, Umzüge und Spiele bieten ein tolles Rahmenprogramm. In Amsterdam macht z.B. der **Vrijmarkt** an diesem Tag Stimmung, ein riesiger Straßenmarkt.

Ende Mai/Anfang Juni: Eröffnung Matjessaison

Die Eröffnung der Matjessaison ist ein beliebtes Volksfest und wird alljährlich direkt nach der **Matjes-Auktion** mit Flottenbesuch, Ständen und Rundfahrten in Scheveningen gefeiert. Traditionell wird an diesem Tag der neue Fang erst- mals der Öffentlichkeit präsentiert und ein Expertenteam prämiert den besten Matjes. Das erste Fass wird versteigert. Der Erlös, bei dem schon mal € 55.000 zusammenkamen, wird gespendet.

Mitte Juni: Theaterfestival und Ronde om Texel

Das **Oerol Theaterfestival** auf Terschel- ling, zu dem 50.000 Besucher kommen, gehört zu den bekanntesten und größten Festivals in Europa. In Scheunen, Stäl- len und auf den Straßen wird getanzt, jongliert, musiziert und Theater gespielt [www.oerol.nl].

Seit über 30 Jahren findet um die Insel Texel herum alljährlich die größte **Katamaranregatta** der Welt statt. Über 500 Katamarane liefern sich ein heißes Rennen [www.roundtexel.com].

Nationales Museumswochenende

Ungefähr 450 Museen in den Niederlanden gewähren Anfang April freien oder reduzierten Ein- tritt in ihre heiligen Hallen. Un- ter einem Motto wie z. B. „Die Kunst der Wahrheit" bieten sich Besuchern Verlockungen der kulturellen Art, u. a. auch mit Entdeckungstouren für Kinder. Die teilnehmenden Museen erkennt man an diesem Wochenende an der rot-weiß- blauen Museumsflagge (www.museumweekend.nl).

Juli: Kirmes in Tilburg und Marinedagen in Den Helder

Der größte **Jahrmarkt** der Beneluxländer findet alljährlich zehn Tage lang in der letzten Juliwoche in Tilburg statt [Mo-Fr 12-1, erster Fr 19.30-1, Sa 12-2, So 13-1, letzter So bis 23 Uhr].

Im Marinehafen der Stadt Den Helder wartet mit den **Marinedagen** (früher: nationaler Flottentag) ein Großereignis auf die Besucher. Auf dem Programm stehen Besichtigungen von U-Booten und Kriegsschiffen. Die Kinder können Schiffsknoten lernen, Feuer löschen und den Vorführungen der Marineflieger und Fallschirmspringer zuschauen [Infos: Tel. +31 (0)223-65 38 05, www.defensie. nl/marinedagen. 10-17 Uhr. Eintritt frei].

Mitte August: Internationales Feuerwerksfestival

Wenn es drei Abende hintereinander funkelt über dem Strand von Scheveningen, dann wetteifert die weltweite Elite der Feuerwerker. Das Festival markiert den Abschluss der Sommerfeuerwerke, die freitagabends stattfinden [Infos: VVV Scheveningen, Tel. +31(0)70-338 58 15, www.scheveningen.nl].

Mitte September: Open Monumentendag

Am **Monumentendag**, einer der größten kulturellen Veranstaltungen der Niederlande, gibt's die einmalige Chance, historische Bauwerke, Grachtenhäuser, Landgüter oder Schlösser, die sonst nicht für die Öffentlichkeit zugänglich sind, genauer unter die Lupe zu nehmen [www.openmonumentendag.nl, kostenlose Broschüre in den VVV-Büros].

Oktober: Eurospoor, Zuidlaardermarkt und Lego-World

Zwischen 50 Modellbahnanlagen und Tausenden von Miniaturloks lässt man sich Mitte Oktober auf der größten Modelleisenbahnschau Europas in Utrecht in andere Welten versetzen [Koninklijke Nederlandse Jaarbeurs, Jaarbeursplein 6, 3521 AL Utrecht, Tel. +31(0)299-64 03 54, www.eurospoor.nl. Fr 10-18, Sa 9.30-17.30, So 9.30-17 Uhr. Erw. € 14,50, Kinder (bis 12 J.) € 6,50]. Seit über 900 Jahren wechseln am dritten Dienstag im Oktober auf einem der größten und ältesten Pferdemärkte Europas in Zuidlaren (Drenthe) ab 5 Uhr morgens die besten Pferde den Besitzer [Infos: www.zuidlaardermarkt.eu]. Ein Lego-Dschungel, lebensgroße Lego-Star-Wars-Figuren oder die Aktion „Wir bauen die größte Lego-Stadt". Ende Oktober tauchen die Kids in Zwolle ins Lego-Glück ab [IJsselhallen, Rieteweg 4, 8011 AB Zwolle, Tel. +31 (0)38-421 18 43, www.legoworld.nl. Tägl. 10-17 Uhr. Pro Pers. (ab 2 J.) € 18,50, nur Vorverkauf].

Mitte November: Sinterklaas

Alle Kinder warten auf die Ankunft (Intocht) von Sinterklaas, dem niederländischen Nikolaus. In Kijkduin in Scheveningen kommt er mit seinem Stoomboot (Dampfschiff). Denn Sinterklaas ist auch Schutzpatron der Seefahrt. Höhepunkt ist der Päckchenabend (Pakjesavond) am 5. Dezember [www.scheveningen.nl].

Dezember: Charles-Dickens-Weihnachtsmarkt in Deventer

Ein Höhepunkt der Vorweihnachtzeit ist das Charles-Dickens-Festival in Deventer am Wochenende vor Weihnachten. Vor der Kulisse der historischen Innenstadt Bergkwartier werden Hunderte von Figuren aus den Geschichten zum Leben erweckt. Überall stehen Buden mit Waffeln, englischem Punsch und Deventer Kuchen [www.dickensfestijn.nl].

Das Feuerwerksfestival in Scheveningen findet jedes Jahr Mitte August statt

Flora & Fauna

Die Niederlande sind ein Erlebnis für Hobbyvogelkundler und -botaniker. In der vielfältigen Landschaft zwischen Watt, Küsten, Dünen, Polder, Marschen, Mooren, Wäldern, Heide und Bergen wächst und gedeiht so manches Pflänzchen und lebt so manches Tier. Für die Erhaltung der Natur sind vielerorts Nationalparks und Naturschutzgebiete wie das Lauwersmeer (siehe Kasten S. 41) eingerichtet.

Watt und Dünen
Das UNESCO Weltnaturerbe Wattenmeer bietet vielen Pflanzen und Tieren Raum zur Entfaltung. Durch Ebbe und Flut gelangen Schlick und Plankton an Land. Im Sommer wärmt sich das Wasser im Watt auf. Das begünstigt das Algenwachstum. Und das ist gut, denn sie bilden die Nahrungsgrundlage für Fische, Vögel und Seehunde. Die Dünen an der Küste sind multifunktional und stehen unter Naturschutz. Sie bewahren das Hinterland vor Überflutung, speichern Süßwasser und bieten Vögeln und Pflanzen ein Zuhause. Und wer am Strand noch die Berge vermisst, der fährt am besten nach Schoorl. Hier erstrecken sich mit 54 Metern die höchsten Dünen des Landes (siehe S. 67).

Seehunde
Seehunde gibt es auch in Holland, aber nicht nur im Zoo oder im Ecomare-Zentrum (siehe S. 87), sondern tatsächlich in der freien Natur! Da sich die Robben in seichtem Gewässer wohlfühlen, findet man sie vor allem auf den Sandbänken vor der Küste. Allerdings sind die

geschützten Tiere sehr scheu, sodass man viel Geduld benötigt, um sie zu entdecken. Am besten gelingt es bei einer Seehundtour (siehe S. 43, 52).

Polder – das neue Land
Die Niederländer sind weltweit bekannt für ihre Poldergebiete. Die hierfür eingesetzte Technik gilt als geniale Erfindung eines der bevölkerungsreichsten Länder Europas, Land zu gewinnen. Denn immerhin liegt ca. ein Viertel der Niederlande unter dem Meeresspiegel. See- und Flussmarschen, Sumpfgebiete sowie Meeresbuchten wurden mit Deichen umgeben und das Land mithilfe von Windmühlen entwässert. So wurde z. B. die Provinz Flevoland dem Meer durch Sperr- und Schöpfwerke sowie Mühlen abgetrotzt. Erkennungszeichen für Poldergebiete ist unter anderem, dass die Entwässerungsgräben sehr gerade verlaufen.

TOP

In der Region Achterhoek können Erholung suchende Aktivurlauber und Naturfans sogenannte touristische Umsteigestellen (Toeristische Overstappunte, TOP) nutzen. Einfach das Auto stehen lassen, umsatteln auf Pferd, Rad, Inlineskates oder bequeme Wanderschuhe schnüren und ab geht's in die Natur! Die Stationen mit Rastplatz, Infotafeln und Routen liegen in der Nähe der Nationalparks und sind ausgeschildert.

Naturschutz

Die starken Eingriffe der Niederländer in die Natur haben leider auch zur Dezimierung bestimmter Arten geführt. In den Süßwassergebieten, die durch Dämme dem salzigen Meer abgerungen wurden, ist der Lebensraum zahlreicher Salzwasserpflanzen und -tiere zerstört worden. Man versucht dem entgegenzuwirken, indem man statt Dämmen Sturmflutwehre baut, die einen Austausch zwischen Süß- und Salzwasser ermöglichen. Viele der einzigartigen Naturräume sind als Naturschutzgebiet und Nationalpark geschützt, denn sie sind der Lebensraum vieler Tiere und Pflanzen. Insgesamt sind über 90.000 Hektar der Gesamtfläche des Landes geschützter Naturraum. Fast die gesamte Insel Schiermonnikoog (siehe S. 19) ist z. B. Nationalpark. Die Naturparks laden mit Lehrpfaden, Wanderwegen, Exkursionen und Führungen dazu ein, mit der Flora und Fauna vor Ort bekannt zu werden. Informationen geben die jeweiligen Besucherzentren der Nationalparks. Um die Flora und Fauna zu bewahren, gibt es in den Niederlanden inzwischen ein Programm, das die Vernetzung der geschützten Naturgebiete vorsieht. Artenschutz, Auswilderung von Großtieren und Verwilderung von einst landwirtschaftlich genutzten Flächen sind Initiativen, die den Naturschutz ernst nehmen.

Die Seehunde im Ecomare-Zentrum (siehe S. 87) erobern schnell die Herzen

Ein Paradies für Tiere

Es trillert, pfeift und schnalzt um einen herum, wenn man sich in den Niederlanden zur Vogelerkundung aufmacht. Wunderbar eignet sich dafür der Nationalpark De Groote Peel im Süden in der Provinz Limburg. Er besteht aus Torf- und Moorgebieten, Heide und Wäldern und ist eines der vogelreichsten Gebiete in Westeuropa; u. a. sind hier Haubentaucher mit ihrer braunroten und schwarzen Federhaube zu sehen, die bis zu einer Minute metertief im Wasser abtauchen können. Die Salzwiesen an der Küste und die Inseln sind wichtige Brut- und Rastgebiete für viele Flieger. Hier sind geschützte Vögel wie der seltene Steinschmätzer zu finden, der in Kaninchenlöchern brütet, oder Löffler, die immer paarweise auftreten und wunderbar an ihrem weißen Gefieder und einem langen, löffelartig verbreiterten Schnabel zu erkennen sind. Nicht wundern, wenn in den Poldergebieten dauernd „Kie-Wit" zu hören ist. Dann trifft man gerade

Im Natuurpark Sallandse Heuvelrug leben noch wilde Birkhühner

auf Vertreter eines der größten Kiebitz-Bestände europaweit. Auch die zeitweise fast ausgerotteten Kormorane erholen sich in einer Kolonie von ca. 600 Exemplaren in den Niederlanden. Sie haben eine Flügelspannweite von ca. anderthalb Metern und ein dunkles, metallisch glänzendes Gefieder. Einzigartig für die Niederlande: wilde Birkhühner. Sie leben in „Hollands Schwarzwald", wie der Nationalpark De Sallandse Heuvelrug (Hügelrücken) auch genannt wird. In den Morgenstunden tragen die Männchen lauthals Scheingefechte aus. Da kann kein Weibchen mehr schlafen – womit die Mission der Männchen erfüllt wäre.

Pflanzenvielfalt

Ursprünglich waren große Teile der Niederlande dicht bewaldet, der Name Holland lässt sich vermutlich auf Houtland (Holzland) zurückführen. Durch Kultivierung hat sich der Waldbestand jedoch reduziert. Trotzdem gibt es noch Gebiete wie den Drents-Friese Wold, in dem vor über hundert Jahren Kiefern angepflanzt wurden, um die Ausbreitung der Dünen zu verhindern. Vor allem an der Küste gedeihen Pflanzen, die Salzwasser lieben, sogenannte Halophyten. Wenn bei Flut das Nordseewasser angespült wird, lechzen Strand-Grasnelke, Strandaster, Queller und Strandbeifuß danach. Die Dünen im Naturschutzgebiet De Slufter auf Texel sind ein Paradies für diese Pflanzen. Subtropische Gewächse wie Zypressen, Kakteen, Bananen, Zitrus- und Olivenbäume können in den Niederlanden ebenfalls heimisch werden. Dank des milden Klimas in Vrouwenpolder sind im Park Fort den Haak Vertreter dieser Pflanzen zu finden.

Geschichte

Durch Eroberungen, Heiratspolitik und Erbschaften waren die Niederlande lange Zeit Teil unterschiedlicher Herrschaftsgebiete, bevor sie eine eigene Nation unter königlicher Führung bildeten. Die Küstenlage hat viel zum Austausch mit anderen Ländern beigetragen.

Urgeschichte

Schon vor über 30.000 Jahren siedelten Menschen im Osten der heutigen Niederlande. Aus der Bronzezeit sind in der Provinz Drenthe über 50 Hünengräber erhalten, die als Relikte des Totenkults gelten. In der Folgezeit siedelten Kelten im Süden, Friesen an den Küsten im Norden, Bataver im Rheindelta und Sachsen im Osten.

Römer

Die Römer unterwarfen im letzten vorchristlichen Jahrhundert die Stämme in den niederländischen Gebieten. Die großen Flüsse bildeten den sogenannten niedergermanischen Limes – eine natürliche Grenze, die von Katwijk aan Zee bis nach Nimwegen verlief. Forts und Wachttürme sicherten dieses Grenzgebiet. Über 350 Jahre nahmen die Römer Einfluss in der Region, gründeten Städte wie Maastricht und Novimagnus (Nimwegen) und bauten Handelsrouten.

Frankenherrschaft

Ab dem 8. Jahrhundert fielen die niederländischen Provinzen erst an die Franken, nach dem Tod Karls des Großen dann an das ostfränkische Reich, aus dem sich das Heilige Römische Reich

New York, New York

Mit Ausbreitung des Seehandels gelangten die Niederländer Anfang des 16. Jahrhunderts an die Insel Manhattan. Sie wurde von Pionieren besiedelt, die sich im Fellhandel versuchen wollten. Nieuw Amsterdam, so der Name der neuen Siedlung, wurde Hauptstadt der neuen Kolonie. 40 Jahre später nahm England die Siedlung ein und nannte sie fortan New York – nach dem damaligen Befehlshaber James, Herzog von York, dem späteren König von England. 2009 wurde das 400. Jubiläum gefeiert (siehe S. 115).

Deutscher Nation entwickelte. Die Teilung des Frankenreichs schwächte langfristig die Zentralgewalt und stärkte die Regionalfürsten von Brabant, Geldern, Holland, Utrecht, Zeeland und Limburg.

Unter burgundischer und habsburgischer Herrschaft

Unter der burgundischen Herrschaft Mitte des 14. Jahrhunderts entwickelten sich Flandern und Brabant zu den stärksten Wirtschaftszentren. Die Küstenstädte, in denen Waren aus überseeischen Gebieten umgeschlagen wurden, trugen viel zu Macht und Reichtum bei. Unter Kaiser Karl V. entstand Anfang des 16. Jahrhunderts das große spanisch-habsburgische Reich. Es begann die Inquisition und Ermordung jener, die dem Katholizismus abschworen und sich dem Calvinismus zuwandten.

Freiheitskampf

Als Karls Sohn Philipp II. von Spanien die Politik seines Vaters fortführte, kam es 1568 zum spanisch-niederländischen Krieg, der 80 lange Jahre währte. Nachdem den wallonischen und flämischen katholischen Südprovinzen die Freiheit gewährt worden war, verbündeten sich 1581 die Nordprovinzen zur Republik der Vereinigten Niederlande. Erst 1648 wurden die Niederlande aus dem Heiligen Römischen Reich herausgelöst.

Das Goldene Zeitalter

Im 17. Jahrhundert entwickelten sich die Niederlande zur führenden Seehandelsmacht, eine Zeit der wirtschaftlichen und kulturellen Blüte begann – das sogenannte „Goldene Zeitalter". Die VOC (Vereenigde Oostindische Compagnie) und WIC (West-Indische Compagnie) waren nicht nur für die Handelsbeziehungen mit Fernost, Afrika und Amerika zuständig, sondern sicherten den Niederländern die Kolonialisierung. Gewürze

Deutsche Ehemänner im Königshaus

Warum die niederländischen Königinnen Deutsche als Ehemänner bevorzugten, ist ein echtes Phänomen. Gerade Prinz Claus – Ehemann der derzeitigen Königin Beatrix – trug viel zur Annäherung der Niederlande und Deutschlands bei, setzte sich für Umwelt- und Entwicklungspolitik ein und wurde 1976 zum „charmantesten Niederländer des Jahres" gewählt.

aus Asien, Elfenbein und Diamanten aus Afrika, Felle aus Amerika brachten den Kolonialherren Wohlstand. Amsterdam war als Handelszentrum die wichtigste Stadt der Niederlande, ja ganz Europas. Erst nach dem Zweiten Weltkrieg wurden die Kolonien aufgelöst (z. B. Indonesien 1949, Surinam 1975).

Das Königreich

Wilhelm I. von Oranien-Nassau (Willem van Oranje), der den Kampf gegen die Spanier anführte, gilt als „Vader des Vaderlands", als Begründer des Königshauses. Dass er 1584 durch einen katholischen Fanatiker ermordet wurde, bekräftigt den Heldenmythos. Die Nassauer gehörten ab dem 15. Jahrhundert durch Heirat zum niederländischen Adel. Der Zusatz Prinz von Oranien kam durch Erbschaft des Fürstentums Orange in Frankreich hinzu. Das Haus stellte über Jahrhunderte den Statthalter der Niederlande, eine Art Staatsoberhaupt. Aber erst Napoleon errichtete offiziell das Königtum Niederlande, das 1815 nach gewonnenem Kampf gegen die Franzosen König Wilhelm I. übernahm. Seit 1848 besteht eine konstitutionelle parlamentarische Monarchie. Staatsoberhaupt ist der König bzw. die Königin.

20. und 21. Jahrhundert

Der Zweite Weltkrieg hat das deutsch-niederländische Verhältnis stark erschüttert. Heute ist Deutschland einer der wichtigsten Handelspartner. Nach der Aufgabe der Kolonien mussten neue politische und wirtschaftliche Kontakte geknüpft werden. Die Niederlande waren Mitbegründer der Europäischen Wirtschaftsgemeinschaft.

Sport

Wer in den Niederlanden Urlaub mit
Kindern macht, kann immer und überall
aktiv sein und seinem Bewegungsdrang
nachgehen: An der Küste schwimmen
oder Drachen steigen lassen – die Wind-
verhältnisse sind ideal dafür –, inline-
skaten oder joggen. Im Land der flachen
Ebenen ein echtes Vergnügen. Doch auf
alpinen Genuss muss keiner verzichten:
Das limburgische Bergland lockt mit dem
höchsten Berg des Landes! Und wer das
ganz besondere Stranderlebnis sucht,
gönnt sich einen Ritt zu Pferd entlang
den Küsten.

Op de fiets

Radfahren in den Niederlanden ist sehr
angenehm. Überall gibt es Radwege,
die ausgeschildert sind, sodass sich
Autos und Radfahrer nicht ins Gehege
kommen. Insgesamt umfasst das gut
ausgebaute Radwegenetz in den Nieder-

*Radfahren in den Niederlanden auf-
grund der guten Wege sehr angenehm*

landen rund 20.000 Kilometer. Viele der
Fahrradrouten sind markiert, spezielle
Kinderrouten gut erkennbar. Besonders
in den Naturschutzgebieten bringt das
Radeln Spaß, denn die Besucherzentren
bieten kindgerecht aufbereitete Informa-
tionen zur Flora und Fauna der Gegend.
Eine sehr beliebte Fahrradroute ist De
Brede Duinenroute (breite Dünenroute).
Sie ist 42 Kilometer lang und weist den
Weg durch das Dünengebiet von Schoorl,
wo die höchste Düne der Niederlande mit
54 Metern zu bestaunen ist (siehe S. 67).
Wer richtige Herausforderungen sucht,
findet im bergigeren Limburg Höhener-
lebnisse.

Wandern

Wer auf eigenen Füßen unterwegs sein
und nicht immer nur auf dem Sattel
sitzen möchte, dem bieten sich in den
Niederlanden wunderbare Routen durch
die Naturschutzgebiete an. Sie sind in
verschiedenen Farben an Pfählen gut
markiert. An der Küste und auf den
Inseln sind vor allem Wattwanderungen
mit Führung zu empfehlen. Wanderer,
die gebirgiges Gelände brauchen, können
sich am Vaalserberg austoben. Die Region um den mit 321 Metern höchsten Berg
der Niederlande bietet herrliche Wander-
möglichkeiten.

Wasser- und Strandsport

In den Küstengebieten ist Wassersport
die Nummer eins – ob Angeln, Segeln,
Schwimmen, Tauchen, Kitesurfen, Surfen oder Wasserski. Vor allem das durch
Einpolderung dem Meer abgerungene

IJsselmeer, der größte europäische See, ist ein echtes Paradies für Wasserratten. Für Kinder eignet sich Kitesurfen allerdings erst ab einem Alter von elf Jahren. Trotzdem können auch die kleinen Steppkes Spaß haben: Viele Segel- und Surfschulen bieten spezielle Kurse für Kinder ab fünf Jahren an, wie z. B. am Grevelingenmeer (siehe Kasten S. 125), einem der bekanntesten Surferreviere der Niederlande. Auch Ruderer, Kanuten und Tretbootfahrer kommen in den weitverzweigten Wasserstraßen der Niederlande wunderbar auf ihre Kosten. Gerade die Provinz Overijssel und das Deltagebiet sind dafür geeignet.

Schlittschuhlaufen

Fühlt man sich im Sommer in den Niederlanden an der Küste wie ein Fisch im Wasser, bringt der Winter erst recht Spaß – nämlich auf den zugefrorenen Gewässern oder Eisbahnen. Eislaufen ist ein sehr beliebter Sport in den Niederlanden. Auf den speziellen Langlauf-Schlittschuhen, den Noren, gleitet man wie der Blitz übers Eis und kommt ganz schön ins Schwitzen, wenn dabei schon mal Geschwindigkeiten von über 30 Stundenkilometern erreicht werden. Wo könnte man denn auch besser in Fahrt kommen als auf den vielen Grachten und Kanälen, wenn sie denn mal zufrieren? Die Niederländer sind so verrückt nach Eis, dass die Beamten des Außenministeriums im ersten richtig kalten Winter seit Jahren 2008/2009 sogar einen Tag „schlittschuhfrei" bekamen! Aufgrund der oft milden Temperaturen im Winter muss man allerdings doch meist auf Kunsteis oder -schnee fürs Wintervergnügen ausweichen.

Lauf auf den Grachten

Vor über hundert Jahren wurde erstmals auf den zugefrorenen Grachten Frieslands ein Schlittschuhlauf veranstaltet, der über eine Strecke von 200 Kilometern elf Städte passierte. Die sogenannte Elfstedentocht (Elfstädtetour) fand wegen der „schlechten" Winterwetterbedingungen zuletzt im Jahre 1997 statt. Daher wird die Elfstädtetour heute zu Fuß, mit dem Fahrrad, dem Boot oder auf Inlineskates ganzjährig bewältigt. Die Etappenziele sind dabei mit vielen schönen Events auf Kinder und Familien zugeschnitten. Mit dem Comicheft „De Elfstedenstunt" von Suske & Wiske können sich Kinder auf die Elfstädtetour vorbereiten. Infos unter www.frieslanderleben.nl. Hier können Sie auch die Routenkarte für die Elfstädtetour bestellen.

Den Ball flach halten

Die Begeisterung für Fußball kennt in den Niederlanden keine Grenzen. Spitzenmannschaften wie Ajax Amsterdam, Feyenoord Rotterdam und PSV Eindhoven vertreten den niederländischen Fußball international. Und wenn die Nationalmannschaft (elftal) spielt, ist das Land im Ausnahmezustand. Nach einem Sieg sind alle Holländer im Freudentaumel, dann wogt ein orangefarbenes Meer durch die Straßen und es schallt „Oranje" durch die Straßen. Orange ist die heimliche Nationalfarbe, obwohl sie nicht in der Flagge vorkommt. Sie bezieht sich auf Oranien (Oranje), den ersten Teil im Namen des Königshauses Oranien-Nassau, das für die Niederlande die Unabhängigkeit erstritten hat (siehe S. 122). Neben Fußball ist Hockey sehr beliebt, sowohl bei Männern als auch Frauen. Die niederländischen Mann-

schaften spielen international an der Spitze. Allerdings waren die Damen in den letzten Jahren etwas erfolgreicher.

Sport auf Niederländisch

Natürlich gibt es in den Niederlanden auch landestypische Sportarten. Wer in Friesland Menschen dabei zusieht, wie sie mit einem Stab Wassergräben überspringen, wird gerade Zeuge des Fierljeppen, eine Art Stabweitsprung über einen Wassergraben. Die Niederländer sind weltweit führend in dieser Sportart, die auf Zeiten zurückgeht, in denen es für Fußgänger schwierig war, Wasserläufe unkompliziert zu queren. Immerhin ist diese Tradition noch so fest in der friesischen Sportkultur verankert, dass jährlich Wettbewerbe ausgetragen werden. Ebenfalls aus dem Kampf gegen das Wasser entstanden ist das Pfahlsitzen, das mittlerweile zum Volkssport avanciert ist. Jährlich im Mai trifft man sich dafür im Wasser der Kanäle und Flussläufe und erinnert dabei an eine der stärksten Sturmfluten, bei denen sich die Menschen auf Weidepflöcke flüchteten. Bis 2003 wurden tatsächlich Pfahlsitzweltmeisterschaften ausgetragen. Der erste Weltmeister dieser Sportart überhaupt war selbstverständlich ein Niederländer. In Friesland zu Hause ist auch Kaatsen (Schlagball), eines der ältesten Ballspiele, das weltweit nur noch von 50 Mannschaften gespielt wird. Es gilt als eine der beliebtesten Sportarten in der Provinz. Das Spiel erinnert ein wenig an Baseball. Nähere Informationen gibt das Kaatsmuseum in Franeker, wo auch einmal im Jahr als Höhepunkt der Saison das Turnier um den Pokal ausgetragen wird [www.kaatsnieuws.nl].

Wassersportrevier Grevelingenmeer

*Eines der größten Wassersportreviere in den Niederlanden ist das Grevelingenmeer – der größte Salzwasserbinnensee Europas. Hier tummeln sich u. a. Taucher, Surfer und Segler. Unvorstellbar ist, dass der See einst eine Meeresbucht gewesen ist und erst 1971 durch den Brouwersdam abgeschlossen wurde. Heute freut's die Wassersportler. Die ganze Familie kommt auf ihre Kosten: Muttern liegt am Strand, die Kleinen besuchen einen der vielen auf ihre Bedürfnisse zugeschnittenen **Surfkurse** (z. B. Zeil- & Surfcentrum Brouwersdam, Ossenhoek 1, 3253 Ouddorp, Tel. +31 (0)111-67 14 80, www.brouwersdam.nl) und die Herren gehen segeln oder angeln. Nicht wundern, wenn das Wasser nach Salz schmeckt: Aus Naturschutzgründen wurde ein Durchlass in den Damm gebaut, durch den der See mit frischem Nordseewasser gespeist wird.*

Verlag: COMPANIONS GmbH,
Am Sandtorkai 73, 20457 Hamburg,
Tel. 040-306 04-600,
Fax 040-306 04-690,
E-Mail: info@companions.de,
Internet: www.companions.de

Autoren:
Nadia Al Kureischi (Niederlande für
Eltern und Kinder, Gut zu wissen),
Loes Bieckmann (Strände, Tour 1, 5, 7-9),
Egon Boesten (Tour 2-4),
Christine Reinhold (Strände),
Marie Fischer (Attraktionen, Tour 10),
Pauline Harlaß (Tour 6)

Lektorat: Anne Sauer
Aktualisierung: Nadia Al Kureischi
Schlussredaktion: Marta Braun
Schlusskorrektur:
Kerstin Gonsior

Titelgestaltung und Layout:
Cornelia Prott

Druck und Bindung:
DZA Druckerei zu Altenburg GmbH

Bildnachweis:
Titelfoto: Fotolia.com/Eric Gevaert
iStockphoto.com (Franky De Meyer S. 2, GAPS Foto-
grafie S. 6, Gertjan Hooijer S. 14, Ruud de Man S. 19,
Dennis Deursen S. 30, Adrian Beesley S. 36, Ariadna
de Raadt S. 69, Rob Broek S. 73, Ellen Beijers S. 74,
Rammekens S. 75, Jelle Leidekker S. 97, pablohart
S. 112, Kaido Kärner S. 120), **pixelio.de** (hennesx.
S. 3, makamo S. 9, Kurt F. Domnik S. 13, Torsten
Schröder S. 18, Arkadius-Neumann S. 20, Dirk
Schröder S. 28, H. La. S. 32, Katharina Hopp S. 45, C.
Cuiper S. 47, magicpen S. 48, 51, Ingrid Ruthe S. 50,
52, Doris Rennekamp S. 58, 114, Jürgen Mees S. 123),
Fotolia.com (Viona Westermann S. 4, Olga Sapegina
S. 10, Dr.Pixel S. 15, O.M. S. 23, Jan Kranendonk
S. 24, Eric Gevaert S. 26, 67, 100, 115, Laura Frenkel
S. 27, Graca Victoria S. 35, tk-video S. 43, Witchcraft
S. 57, manolito S. 63, Jenny Thompson S. 65, John
Emmaneel S. 68, Ivonne Wierink S. 71, 106, Stephan
Sühling S. 78, contrastwerkstatt S. 98, PANORAMO
S. 101, igorborodin S. 104, loisik S. 107, Philip Lange
S. 108, Drob S. 111, Fotocie S. 117), Madurodam B.V.
(S. 3, 91), aboutpixel.de/Rahouse (S. 21), Het Arse-
naal (S. 31, 77), www.vvleeuwarden.nl (S. 38), Aqua
Zoo Friesland (S. 40), R. de Water (S. 54, 55), water-
landrecreation.nl (S. 61), Herbert Schlottbom (S. 79,
80, 81), Bataviawerf (S. 84), Jan Vermeer/Burgers'
Zoo (S. 85), Deltapark Neeltje Jans (S. 86), Ecomare
(S. 87, 119), De Efteling (S. 83, 88), Zoo Emmen
(S. 89), science center NEMO (S. 90), Walibi World
B.V (S. 92), Ferien- und Erlebnispark Duinrell
(S. 93), Dolfinarium (S. 94), Vogelpark Avifauna
(S. 95), Abenteuerpark Hellendoorn (S. 96)

Karte: Karthographiebüro Jochen Fischer

ISBN: 978-3-89740-687-2